JANE AUSTEN A TRAVÉS DEL TIEMPO, LOS IDIOMAS Y LAS CULTURAS

Miguel Ángel Jordán Enamorado

Jane Austen
a través del tiempo,
los idiomas y las culturas

Granada, 2024

Colección indexada en la MLA International Bibliography desde 2005

EDITORIAL COMARES

INTERLINGUA

388

Colección fundada por
EMILIO ORTEGA ARJONILLA y PEDRO SAN GINÉS AGUILAR

Colección dirigida por
ANA BELÉN MARTÍNEZ LÓPEZ y PEDRO SAN GINÉS AGUILAR

Comité Científico (Asesor):

ESPERANZA ALARCÓN NAVÍO Universidad de Granada
JESÚS BAIGORRI JALÓN Universidad de Salamanca
CHRISTIAN BALLIU Isti Bruxelles
LORENZO BLINI Luspio Roma
ANABEL BORJA ALBÍ Universitat Jaume I de Castellón
NICOLÁS A. CAMPOS PLAZA Universidad de Murcia
MIGUEL Á. CANDEL-MORA Universidad Politécnica de Valencia
ÁNGELA COLLADOS AÍS Universidad de Granada
MIGUEL DURO MORENO Universidad de Málaga
FRANCISCO J. GARCÍA MARCOS Universidad de Almería
GLORIA GUERRERO RAMOS Universidad de Málaga
CATALINA JIMÉNEZ HURTADO Universidad de Granada

ÓSCAR JIMÉNEZ SERRANO Universidad de Granada
ÁNGELA LARREA ESPINAR Universidad de Córdoba
HELENA LOZANO Università di Trieste
MARIA JOAO MARÇALO Universidade de Évora
JAVIER MARTÍN PÁRRAGA Universidad de Córdoba
FRANCISCO MATTE BON Luspio Roma
ANTONIO RAIGÓN RODRÍGUEZ Universidad de Córdoba
CHELO VARGAS-SIERRA Universidad de Alicante
MERCEDES VELLA RAMÍREZ Universidad de Córdoba
ÁFRICA VIDAL CLARAMONTE Universidad de Salamanca
GERD WOTJAK Universidad de Leipzig

ENVÍO DE PROPUESTAS DE PUBLICACIÓN:

Las propuestas de publicación han de ser remitidas (en archivo adjunto, con formato PDF) a alguna de las siguientes direcciones electrónicas: anabelen.martinez@uco.es, psgines@ugr.es

Antes de aceptar una obra para su publicación en la colección INTERLINGUA, ésta habrá de ser
sometida a una revisión anónima por pares. Para llevarla a cabo se contará, inicialmente, con los
miembros del comité científico asesor. En casos justificados, se acudirá a otros especialistas de reco-
nocido prestigio en la materia objeto de consideración.

Los autores conocerán el resultado de la evaluación previa en un plazo no superior a 60 días.
Una vez aceptada la obra para su publicación en INTERLINGUA (o integradas las modificaciones que
se hiciesen constar en el resultado de la evaluación), habrán de dirigirse a la Editorial Comares para
iniciar el proceso de edición.

Imagen de portada:
Istock

Maquetación:
José Antonio Ruiz García

© Miguel Ángel Jordán Enamorado

© Editorial Comares, 2024
Polígono Juncaril • C/ Baza, parcela 208 • 18220 Albolote (Granada) • Tlf.: 958 465 382
www.comares.com • E-mail: libreriacomares@comares.com
facebook.com/Comares • twitter.com/comareseditor • instagram.com/editorialcomares

ISBN: 978-84-1369-697-3 • Depósito legal: Gr. 1434/2024

Impresión y encuadernación: COMARES

Sumario

Capítulo 1
Jane Austen:
una autora universal en un mundo globalizado

1. APUNTE BIOGRÁFICO

Jane Austen nació en 1775 en la rectoría de Steventon, siendo la séptima de los ocho hijos de Cassandra Leigh y el Reverendo George Austen. Desde temprana edad, mostró su pasión por la escritura, comenzando con relatos cortos que parodiaban los géneros literarios de su época, los cuales deleitaban a las veladas familiares en el hogar de los Austen (Fergus & Wood, 2016).

En 1797, su padre escribió al editor Thomas Cadell proponiéndole la lectura del manuscrito de lo que sería *Pride and Prejudice*, entonces titulada *First Impressions*. A pesar de la oferta de cubrir los costos de publicación, Cadell rechazó la propuesta. Más tarde, en 1803, Austen vendió su novela *Susan* al editor Richard Crosby, quien nunca la publicó. Tras ser recomprada por su hermano Henry en 1816, fue publicada póstumamente como *Northanger Abbey* (Todd & Todd, 2005).

A pesar de estos reveses, Austen perseveró en su escritura y revisión de obras, logrando finalmente la publicación de cuatro de sus trabajos entre 1811 y 1816: *Sense and Sensibility, Pride and Prejudice, Mansfield Park* y *Emma* (Le Faye, 2004).

A lo largo de su vida, Austen permaneció en su círculo familiar, nunca se casó, a pesar de algunos romances breves y una propuesta de matrimonio de un joven heredero, hermano de sus amigas más cercanas. Tanto en su correspondencia como en sus novelas, defendió la idea de que el matrimonio debería basarse en el amor genuino y no en intereses económicos o sociales, una convicción que reflejó en su propia vida (Gillie, 2014).

Tras la muerte de su padre, Jane Austen se trasladó a Chawton con su madre, su hermana Cassandra y su amiga Martha Lloyd. Fue durante este periodo cuando todas sus obras fueron publicadas (Le Faye, 2004).

2. CONTEXTO SOCIAL DE LA VIDA Y OBRAS DE JANE AUSTEN

Durante el siglo XVIII y la primera parte del XIX, la élite y la aristocracia inglesa se apoyaban principalmente en las rentas provenientes de sus propiedades, que incluían tierras agrícolas, bosques, residencias y otros activos. Para preservar y ampliar estas posesiones, que constituían la base del prestigio y el estatus de un linaje, al fallecer el cabeza de familia, todas las tierras y bienes pasaban a un único heredero, generalmente el hijo mayor. Aquellos miembros de familias ilustres que no heredaban grandes fortunas recurrían a profesiones como el ejército, la marina, la abogacía o el clero para asegurar su sustento sin menoscabar su estatus social. Los trabajos manuales y el comercio eran despreciados en una sociedad marcadamente estratificada y jerarquizada (Jordan, 2003: 179).

Las opciones de las hijas eran más limitadas aún. Salvo en el poco frecuente caso de que hubieran sido favorecidas con una generosa herencia, un matrimonio ventajoso era la única vía para mantener o incluso elevar su condición social. De lo contrario, deberían subsistir con una renta exigua, si la tenían, o tendrían que trabajar como maestras o como institutrices de familias adineradas (Gleadle, 2017).

Por esta razón, durante la época en que vivió Austen, el matrimonio se concebía principalmente como un asunto económico y social, un pacto entre partes en el que cada una contribuía con algún valor, ya fuera en términos de riqueza, estatus social o, al menos, encanto y destrezas. Dado que el matrimonio representaba el principal camino para que las jóvenes alcanzaran un estatus social deseado, la educación de estas chicas se centraba en gran medida en transformarlas en damas refinadas, realzando aquellas cualidades que las volvieran más atractivas para posibles pretendientes. (Barker 44).

3. EL ESTILO LITERARIO DE JANE AUSTEN

En una carta a uno de sus sobrinos, Austen comparó su labor de escritora con el delicado trabajo de un miniaturista que da forma a una pequeña figurita de marfil con un cepillo, cuyos resultados apenas son perceptibles después de horas de dedicación (Austen, 2011: 337). En otra carta familiar, esta vez dirigida a su sobrina Anna, la escritora afirma que el marco ideal para una novela está compuesto por tres o cuatro familias en una pequeña población rural (Austen, 2011: 287).

Austen no se centra en los grandes temas ni en las pasiones desatadas. Su objeto de estudio es lo pequeño, lo cotidiano, lo que no llama la atención. Con su mirada profunda y detallista, Austen se introduce en el fondo del ser humano tanto en su faceta individual como en su comportamiento social. El tema principal de las novelas de Jane Austen son las personas y las relaciones personales. Austen analiza a cada persona, con su historia y su contexto. No habla de clases sociales sino de individuos viviendo en una sociedad con unas normas determinadas que afectan al comportamiento de unos con otros y que, en cierta medida, condicionan el futuro de cada individuo en función de su contexto personal (Jordán, 2017).

Las novelas de Austen contienen algunos rasgos de las obras de su tiempo, pero no encajan en ninguna de las corrientes de su época. Austen parte de una síntesis de su contexto literario, pero de inmediato lo supera dando lugar a un estilo propio que, debido a su carácter polifacético, no es fácil encasillar en ningún subgénero de la novela (Teachman, 2000).

Quizá la manera más certera de definir las obras de Jane Austen sea diciendo que son novelas de personajes, ya que son los personajes los que hacen avanzar la historia. El hilo argumental es secundario, lo importante son los sentimientos, las emociones, los razonamientos, los vicios, las ilusiones, las luchas interiores y todo el mundo interior de los personajes. Por eso las obras de Austen han resistido el paso del tiempo y son tan fácilmente adaptables a distintos contextos y formatos. La mirada penetrante de Austen es capaz de descubrir lo mejor y lo peor de la persona y de la sociedad. Pero el fruto de este análisis no se plasma en una crítica desabrida contra los vicios sociales, sino en un retrato caricaturesco en el que por medio de la ironía pone de manifiesto las actitudes egoístas y despóticas, las desigualdades sociales y los contrasentidos de una sociedad más preocupada de las apariencias que de la realidad interior de cada persona. Austen no denuncia, se limita a mostrar para que el lector capte la injusticia y se sienta impelido (Jordán, 2017).

Austen fue mujer y escritora y, por esta razón, centra su mirada atenta en la situación de las mujeres de su época; una situación de dependencia y desprotección que obligaba a muchas jóvenes a acceder a matrimonios por simples motivos económicos o sociales. Austen vivió en primera persona las limitaciones propias de una mujer de su tiempo, pero eso no impidió que siguiera adelante con su propósito de ser escritora. Aprovechó sus dotes literarias para crear obras inmortales en las que mostró con claridad las desigualdades existentes entre hombres y mujeres, y para ensalzar la figura femenina como baluarte de la sociedad por medio de algunas protagonistas que han pasado a la historia de la literatura como algunos de los personajes más emblemáticos. Tal es el caso, por ejemplo, de Elizabeth Bennet, la protagonista de la novela *Pride and Prejudice*, quien no se deja amilanar por los apellidos de abolengo o las grandes fortunas y no duda en enfrentarse a miembros de la alta sociedad con tal de defender tanto sus derechos como los de sus seres queridos (Sulloway, 2016).

4. JANE AUSTEN A TRAVÉS DEL TIEMPO, LOS IDIOMAS Y LAS CULTURAS

Las obras de Austen fueron bien recibidas por los lectores de su tiempo, se publicaron reseñas favorables y se agotaron ediciones en menos tiempo del que ella misma esperaba. Sin embargo, tanto las circunstancias de aquella época, en la que los libros eran un lujo solo al alcance de algunos, como el hecho de que Austen fuera una mujer causaron que su fama tardara en extenderse. Austen gozó del éxito de su trabajo, pero no de la fama y el reconocimiento social (Fergus & Wood, 2016).

Con el paso de las décadas, la fama de Austen se fue extendiendo no solo por Inglaterra, sino que también alcanzó otros países europeos (Mandal & Souza, 2007) e incluso llegó a Estados Unidos (Wells, 2017). Durante el siglo xx, Austen ya era una escritora conocida en todo el mundo y muy pronto se comenzaron a llevar algunas de sus novelas al cine. Las primeras adaptaciones cinematográficas de las obras de Jane Austen se produjeron a finales de la década de los 30 y durante los 40 (Parrill, 2002).

En los años 90, se rodaron nuevas adaptaciones de las obras de Austen que tuvieron una gran aceptación por parte del público y la crítica. Algunos ejemplos de estas producciones son la miniserie de la BBC basada en *Pride and Prejudice* (1995), *Sense and Sensibility* (1995), dirigida para Ang Lee, y también la adaptación de *Emma* (1996), protagonizada por Gwyneth Paltrow. El éxito de todos estos trabajos conllevó una sucesión ininterrumpida de adaptaciones, más o menos ortodoxas de las novelas de Austen y, también, de películas inspiradas en mayor o menos medida en estas obras, como son *You've got mail* (1998), *Bridget Jones' Diary* (2001), *The Jane Austen Book Club* (2007), etc.

Actualmente, Jane Austen es una autora de fama mundial, cuyas obras han sido traducidas a una gran variedad de idiomas y leídas por personas de todas las culturas. Como es lógico, del mismo modo que ocurre con cualquier obra artística, las novelas de Austen son recibidas y comprendidas de manera diferente por cada lector y por cada cultura. Han pasado más de doscientos años desde la muerte de Austen y, en estos dos siglos, la sociedad ha evolucionado a gran velocidad. El mundo actual tiene poco que ver con la Inglaterra de principios del siglo xix, en la que transcurren las obras de Austen, sin embargo, sus novelas siguen siendo actuales y captan la atención de personas de distintos orígenes y culturas.

La atracción por los trabajos de Austen ha propiciado que estas novelas hayan sido traducidas a distintos idiomas, géneros y ámbitos culturales. Pero, a pesar de los grandes cambios que, en ocasiones, han sufrido estas historias, habitualmente se han respetado los temas centrales de las novelas de Austen y muchas de las características principales de sus protagonistas.

En los próximos capítulos, analizaremos algunas de las traducciones, en el sentido más amplio de esta palabra, de las obras de Austen que han tenido lugar en lo que llevamos de siglo xxi. La muestra escogida es muy variada e incluye tanto adaptaciones ortodoxas como productos que se alejan bastante en el tiempo o en el espacio de las historias originales. Cada una de estas películas muestra la lectura de una obra de Austen por parte de los creadores de la adaptación. Aunque, como es lógico, hay opiniones de todos los tipos sobre cada adaptación audiovisual, especialmente sobre aquellas más atrevidas, nos parece que todas merecen atención, puesto que cada lectura de la obra nos ofrece una perspectiva diferente que nos permite comprender las obras de Austen con más profundidad.

Capítulo 2
Análisis de la adaptación cinematográfica de la novela *Northanger Abbey*

1. **INTRODUCCIÓN**

Jane Austen terminó de escribir *Northanger Abbey* en 1798, la revisó para la imprenta en 1803, y vendió los derechos por diez libras a Crosbie & Co. Después de diez años sin que llegara a publicarse, Henry Austen, hermano de la autora, recompró los derechos por la misma suma que se había pagado por ella una década antes. La novela se publicó de manera póstuma en 1818 (Burns, 2021).

Northanger Abbey (Austen, 2009) tiene como protagonista a Catherine Morland, una joven de dieciocho años de edad, muy aficionada a la lectura y, en concreto, a las novelas góticas. A través de las primeras experiencias de Miss Morland en Bath, sus amistades y sus primeros pasos en el amor, la autora nos introduce en la sociedad inglesa de la regencia y realiza una parodia de la literatura de misterio que tanto éxito tuvo en su época.

Del mismo modo que ha ocurrido con las demás novelas de Jane Austen, esta obra ha sido llevada al cine en diferentes ocasiones. En este capítulo analizaremos el proceso de adaptación cinematográfica de *Northanger Abbey* a la versión televisiva de 2007. Con la finalidad de contextualizar el análisis de dicho proceso, ofrecemos a continuación un breve marco teórico sobre las adaptaciones cinematográficas de las obras literarias.

2. **DEL PAPEL A LA PANTALLA: LAS ADAPTACIONES CINEMATOGRÁFICAS DE OBRAS LITERARIAS**

2.1. Introducción histórica

Las adaptaciones cinematográficas de obras literarias nacieron casi a la vez que la industria del cine y tuvieron unos comienzos desfavorables. Las razones que explican este temprano fracaso son varias, pero aquí tan solo comentaremos dos de ellas.

En primer lugar, nos referiremos a la natural desconfianza que suele suscitar la aparición de un elemento novedoso dentro de un ámbito marcado por una tradición de siglos. Para un gran sector del público, las adaptaciones cinematográficas de obras clásicas de la literatura universal eran una intromisión y una falta de respeto hacia uno de los bienes más preciados de la humanidad, su patrimonio cultural (Geraghty, 2019; Griggs, 2016).

Junto con estos prejuicios, a los que volveremos a referirnos más adelante, también hallamos el hecho de que las primeras adaptaciones de obras literarias, que tenían el noble afán de elevar el nivel cultural del público facilitándole el acceso a los grandes clásicos, se llevaron a cabo sin el cuidado de realizar películas que siguieran las normas audiovisuales. Al ceñirse en exceso al texto original, con las limitaciones que esto implica dentro del campo cinematográfico, estos trabajos dieron resultados nada satisfactorios (Brady, 1994).

Las críticas de estas primeras adaptaciones cinematográficas no solo eran negativas por la baja calidad de algunos de estos productos, sino que estaban cargadas de prejuicios ante cualquier intento de llevar al cine una obra literaria (Elliot, 2004a). Además, al estudiar dichas críticas, llama la atención que el acento principal de estos análisis recae sobre el grado de fidelidad con el que se había llevado dicha novela u obra teatral a la gran pantalla (Stam, 2000). Con esta perspectiva, no es de extrañar que continuamente se primase la superioridad del libro respecto a la película, independientemente de la calidad cinematográfica de la nueva obra.

Esta crítica negativa, generalizada hasta más allá de la primera mitad del siglo xx, tiene su base no solo en un enfoque erróneo de la cuestión, sino también en el temor a que las adaptaciones de grandes obras literarias llevaran consigo una vulgarización de la cultura, ya que, para ser llevadas al cine, estas obras tenían que ser retocadas, simplificadas, recortadas, etc., y esto se veía casi como una profanación de la tradición cultural acumulada a lo largo de siglos (Elliot, 2004b).

Dentro de este contexto tan poco favorable para la relación entre el cine y la literatura, se publicó en el año 1957 un estudio titulado *Novels into Film*, obra de George Bluestone. Se trata del primer estudio monográfico sobre las adaptaciones cinematográficas de obras literarias y, aunque tiene algunas limitaciones propias de la falta de perspectiva y de un bagaje anterior en el que fundamentar sus propuestas, marcó un hito en este campo de análisis. De hecho, a partir de este trabajo, se produjo un cambio de enfoque y los nuevos estudios comenzaron a centrarse más en el proceso que en el resultado, y a dejar al margen cuestiones que no eran más que fuentes de controversias como la de la fidelidad (Hollands, 2002).

2.2. Lenguaje literario y lenguaje cinematográfico

En diversos trabajos elaborados durante la segunda mitad del siglo xx con un enfoque principalmente semiótico, podemos encontrar una alusión a los distintos signos empleados en el lenguaje literario y cinematográfico (Richardson, 1969; Simpson & Montgomery, 1995; Lothe, 2000).

La palabra, base del lenguaje literario, es definida como un signo de carácter simbólico, es decir, tiene un significado que le ha sido concedido por convención. Mientras que la imagen, elemento fundamental del lenguaje cinematográfico, es un signo icónico, ya que presenta las cosas por su parecido con ellas (Elliot, 2004b). Esta diferencia en el lenguaje influye también en el supuesto dominio que el autor tiene sobre la futura percepción de su obra por parte del público:

> Este contraste en cuanto a la naturaleza del signo trae sus consecuencias. Entre ellas, que el circuito entre significante y significado es mucho más corto en el signo visual que en el verbal y, por lo tanto, la recepción y la aprehensión de significados también difieren. La imagen llega a la audiencia directamente por la percepción mientras que la palabra llega al lector a través de un proceso cognitivo que le obliga a estar activo imaginativamente para completar el acto creativo. En este sentido, el escritor tiene un control mucho menor que el cineasta sobre la respuesta del lector a sus signos. (Frago-Pérez, 2005)

Mónaco (2009) señala una serie de diferencias entre el lenguaje literario y el cinematográfico, la primera de ellas está en relación con las unidades que componen cada lenguaje y su capacidad de transmitir un significado. El lenguaje fílmico no está compuesto por unidades de significación aisladas, sino que el significado se extrae de forma continua. Según Mónaco, el lenguaje fílmico ha de ser considerado presentacional antes que discursivo, puesto que, aunque existen algunas reglas análogas a las de la sintaxis, estas reglas son resultado de su uso y no están determinadas de antemano. Por lo tanto, se puede afirmar que el lenguaje cinematográfico es predominantemente denotativo y el literario connotativo. Al contrastar ambos lenguajes, Mónaco concluye que la variedad de códigos utilizados en el lenguaje fílmico es mucho más amplia que la que se puede hallar en el literario, ya que el primero no solo cuenta con los códigos culturales, sino que puede nutrirse de algunos extraídos de otras artes: visuales, sonoros, códigos del lenguaje, etc.

Teniendo en cuenta lo que se ha expuesto en los párrafos anteriores, se puede deducir que ninguna película se lee como una novela y, en consecuencia, no sería lógico aplicar criterios de igualdad al comparar una obra literaria y su posterior adaptación al cine.

2.3. Cine y literatura como artes narrativas

Si en el apartado anterior nos hemos centrado en las diferencias, ahora vamos a buscar algunas semejanzas entre ambas manifestaciones artísticas.

Umberto Eco (1970) asegura que es posible comparar la forma de una película y la de una novela ya que ambas versan sobre la acción, es decir, poseen la capacidad de estructurar una acción y relacionar los elementos que la constituyen. Por lo tanto, sería esta acción y esta estructura las que podríamos contrastar en una adaptación cinematográfica.

Frago-Pérez, por su parte, afirma que:

> En las comparaciones de corte estructuralista entre texto literario y película se puede atender a la ficción que ambas despliegan, pero siempre desde una perspectiva enunciativa o textual. Es decir, se analizarán las equivalencias narrativas entre los códigos literario

y cinematográfico referidas al esquema que sigue la historia, su estructura, las esferas de acción dirigidas por los distintos personajes, el modo con que la información narrativa es controlada y canalizada mediante un punto de vista, la relación del narrador con los personajes y los hechos del mundo creado por la historia, etc. (2005)

Boyum (1985) buscó estructuras de valor paralelo que de algún modo establecieran equivalencias entre la novela y la película dentro del campo de los recursos literarios. Según este autor, dado el potencial connotativo de la imagen, podríamos encontrar analogías fílmicas de la metáfora, la personificación, la alegoría, etc.

Continuando con esta línea de hallar puntos de cohesión entre literatura y cine, y marcar los elementos a tener en cuenta en una adaptación, nos referiremos ahora al trabajo de McFarlane (1996), que realiza una distinción entre los elementos que son directamente transferibles y aquellos que difícilmente pueden permanecer inalterables en este proceso. McFarlane asegura que las funciones distribucionales, que serían aquellas acciones o acontecimientos que se suceden linealmente a lo largo del texto, son más fáciles de traducir que las funciones integracionales, que aportan información sobre los personajes y la ambientación. Dentro de las funciones distribucionales habría que distinguir aquellas que son básicas y que no se pueden alterar sin variar la lógica de la trama, y las que son secundarias y, por lo tanto, susceptibles de ser modificadas.

2.4. La fidelidad al original

Tras analizar las semejanzas y diferencias entre la literatura y el cine, y sus modos de expresión, es fácil concluir que es imposible que una película sea completamente fiel a la obra literaria en la que se ha basado. Este es uno de los pocos puntos que ha contado con el acuerdo de todos los estudiosos de las adaptaciones cinematográficas. Por esta razón, se ha acuñado un término que recoge de algún modo el ideal de estas adaptaciones: «fidelidad al espíritu» (MacCabe et al, 2011).

Al tratarse de una expresión ambigua, es necesario concretar, aunque no sea de un modo exhaustivo, en qué consiste esa fidelidad al espíritu, para que no se quede tan solo en una buena intención subjetiva. Por un lado, están los sucesos medulares, de los que hemos hablado en el apartado anterior, y que no es posible omitir o variar sin alterar significativamente la trama. Pero no solo nos ceñimos a la estructura de la historia, ni a los elementos de la trama, sino que nos referiremos también a lo que podríamos denominar el efecto análogo. Según Chatman (1990) este se logra cuando el adaptador busca equivalentes audiovisuales al discurso literario que sean capaces de provocar una experiencia estética similar a la que suscita la obra literaria original. Por el contrario, la desproporción estética entre el original y la versión fílmica, conllevará alguna violación de la esencia literaria.

El adaptador ha de buscar y localizar lo que Boyum (1985) denomina «marcas», y que serían esos elementos que dan a la historia el tono particular y logran impactar al lector. Puede tratarse de cualidades de los personajes, momentos especialmente emotivos, giros de la trama, etc. Si el adaptador logra identificar estas marcas, le resultará mucho más sencillo reinterpretar la obra manteniendo esa fidelidad al espíritu.

Para concluir este apartado, diremos que esta tarea del responsable de la adaptación se asemeja en gran medida a la del traductor de una obra literaria, ya que ambos deben mantener cierta lealtad al original, pero al cambiar de lenguaje, también se ven obligados a crear una nueva obra. Para lograr su objetivo, tanto el adaptador como el traductor deben desempeñar con profundidad su papel de lectores de la obra de origen para captar lo mejor posible el todo que más tarde deberán traducir.

2.5. La adaptación como reinterpretación y diálogo

Según Frago-Pérez (2005), en el proceso de adaptación se establece un diálogo inconsciente entre un autor implícito (literario) y un lector real (cinematográfico), a propósito del mundo posible representado, y sobre su propio modo de entender las personas y cosas del mundo en que viven.

Tal y como se ha comentado con anterioridad, tanto el creador de la obra literaria como el de la cinematográfica tienen un poder limitado sobre el público, ya que cada persona recibe la creación desde su punto de vista y con los condicionantes propios de su bagaje cultural y experiencias vitales. Sin embargo, existen puntos de encuentro entre creador y espectador que se hallan en el mundo posible representado del que se habla en el párrafo anterior. Ese es el espacio de diálogo entre el escritor y su público, y también debería ser el punto de encuentro con el adaptador de la obra, que debería respetar este mundo posible en el que transcurre la acción.

Para abordar la noción de reinterpretación, debemos clarificar previamente cuál es su objeto. Y para lograrlo, nos referiremos a un término central en este aspecto: la fábula. Aristóteles (1999) define la fábula (mitos) como «disposición de hechos o composición de la trama.» Sería algo equivalente a lo que se suele denominar como «historia» de una novela. Los acontecimientos que se desarrollan y los entresijos que unen esos acontecimientos. Habitualmente, estos rasgos que componen la fábula son percibidos con carácter más antropomórfico que cosmológico, es decir se centran más en el mundo interior de la persona que el que le rodea. Esta es la razón por la que algunas obras literarias logran mantenerse actuales a pesar de haber sido escritas siglos atrás, ya que, aunque cambien las civilizaciones y el entorno cultural, las realidades vitales de la persona siguen siendo las mismas.

A la hora de adaptar una obra, la persona que vaya a realizar esta tarea tendrá que reinterpretar la fábula para poder contarla de un modo efectivo y estético en su nuevo lenguaje. Llegado ese momento, se pondrá en práctica el concepto introducido por George Steiner (2017) en su obra *Presencias reales* para definir la actitud del adaptador. Steiner no habla de fidelidad, cuestión que parecía primordial en los primeros pasos de esta labor, sino de cortesía. Por cortesía, Steiner entiende la actitud del anfitrión perfecto, que nunca olvida la bienvenida protocolaria a su invitado y que lo trata con sumo respeto en todo momento. Pero esta cortesía no se asemeja para nada a la sumisión. Es decir, en ningún momento el anfitrión se identifica con su invitado. Se favorece el diálogo enriquecedor, pero no se admiten tiranías por parte de ninguno.

3. ANÁLISIS DE LA ADAPTACIÓN CINEMATOGRÁFICA DE NORTHANGER ABBEY

3.1. Metodología del análisis

Una vez analizadas las semejanzas y diferencias entre el cine y la literatura, y los distintos modos de enfrentarse a las creaciones provenientes de estos ámbitos, nos disponemos a abordar el proceso de adaptación de la novela *Northanger Abbey*, de la escritora inglesa Jane Austen, en su versión cinematográfica del año 2007.

La metodología que vamos a seguir en este análisis consta de varias fases. En primer lugar, intentaremos detectar tanto en el nivel de la historia como del discurso, una serie de operaciones retóricas de trasvase de un medio a otro. En lo referente a la historia, buscaremos adiciones narrativas, supresiones, condensaciones, redisposiciones de los acontecimientos, etc. Y haremos lo mismo en relación con el discurso, localizando variaciones sobre la voz narrativa, el punto de vista, los elementos descriptivos y demás asuntos pertenecientes a este nivel.

En segundo lugar, trataremos de justificar estas decisiones, que pueden deberse a razones de lenguaje y de conveniencia narrativa para la nueva forma cinematográfica, razones tecnológicas propias del nuevo medio, a la distancia temporal entre la obra literaria y la adaptación, cambios sociológicos, etc. Por último, elaboraremos unas conclusiones en las que se valorará el grado de cortesía aplicado por el adaptador y los frutos del proceso de diálogo y reinterpretación.

3.2. Operaciones retóricas de trasvase en la adaptación cinematográfica

A continuación, ofrecemos un elenco de ejemplos en los que se pueden apreciar algunas de las diferencias existentes entre la novela y el guion de la película. Para no extendernos demasiado, tan solo recogeremos un número suficiente de ejemplos que nos permita explicar los procesos que se han llevado a cabo y las razones que han justificado esos procesos.

3.2.1. *Variaciones en la historia*

a) *Adiciones*

Ejemplo 1

TCR: 00.02.18 / 00.03.50 / 00.17.03 / *et al.*

A lo largo de toda la película encontramos diferentes escenas en las que se relatan sueños de Catherine que emulan las novelas góticas que la protagonista de Northanger Abbey suele leer.

Ejemplo 2

TCR: 00.22.31

Se muestra un baile de Catherine con Mr. Thorpe que en ningún momento tiene lugar en la novela.

Ejemplo 3

TCR: 00.37.04

Durante un paseo de Catherine con los hermanos Tilney, aparece un joven que resulta ser el pretendiente de Eleanor, que acude a despedirse de ella antes de emprender un viaje.

Ejemplo 4

TCR: 00.57.09

En una conversación entre Miss Morland y Mr. Tilney, este último hace una referencia al vampirismo al que más adelante volverá a referirse para explicar la actitud de su padre hacia su madre.

b) *Supresiones*

Ejemplo 1

Capítulo 2

Al final de la frustrante primera visita de Catherine y Mrs. Allen al *ballroom* de Bath, aparece un reencuentro de ambas damas con Mr. Allen y un breve diálogo que se omite en la película.

Ejemplo 2

Capítulo 3

Encontramos un salto temporal de varias semanas en Bath inexistente en la película.

Ejemplo 3

Capítulo 3

En la película se ha omitido un diálogo entre Miss Morland y Mr. Tilney en el que este último niega la superioridad de cualquiera de los dos sexos en ningún aspecto concreto de la vida.

Ejemplo 4

Capítulos 7-10

Aparecen varios diálogos en los que se muestra a John Thorpe muy pendiente de su carruaje y de la velocidad a la que pueden correr sus caballos.

Ejemplo 5

Capítulo 14

Durante un paseo con Catherine, Henry Tilney hace una apología de las novelas y de su superioridad sobre otros géneros literarios considerados más cultos y útiles en esa época.

Ejemplo 6

Capítulo 15

Se describe la escena en la que Isabella recibe la carta de James comunicándole el consentimiento de sus padres para poder casarse con ella. Catherine está presente y participa de la alegría de Mrs. Thorpe y sus hijos.

Ejemplo 7

Capítulo 26

Se relata una visita del general Tilney, su hija Eleanor y Miss Morland a la vicaría de Woodstone, futuro hogar de Henry, que no se cuenta en la película.

Ejemplo 8

Capítulo 30

   Cuando Henry viaja hasta Fullerton para hablar con los Morland y disculparse por lo ocurrido, muestra su interés por visitar a los Allen para saludarlos. En la novela se cuenta esta visita, que ha sido omitida en la película.

c) *Condensaciones*

Ejemplo 1

TCR: 00.24.16

Capítulos 9 y 10

Aparecen varias conversaciones de Catherine Morland con Miss Tilney que se unifican y resumen en la película.

Ejemplo 2

TCR: 00.35.07

Capítulos 9 y 11

Se relatan dos paseos en carruaje de Catherine con su hermano James y los Thorpe que se simplifican en uno solo en la película.

Ejemplo 3

TCR: 01.32.30

Capítulos 15 y 16

Las distintas noticias que van llegando sobre la respuesta de los Morland a la intención de su hijo de casarse con Isabella se muestran en una sola escena de la película.

Ejemplo 4

TCR: 00.54.55

Capítulo 20

El viaje de Catherine y los Tilney hasta Northanger Abbey, que en la novela ocupa varias páginas y se cuenta con gran detalle, es resumido en solo unos minutos en la película.

Ejemplo 5

TCR: 01.16.10

Capítulo 25

Carta de James a su hermana Catherine anunciándole la ruptura de su compromiso con Miss Thorpe.

Ejemplo 6

TCR: 01.18.31

Capítulo 27

Carta de Isabella a Catherine tratando de convencerla de que ha habido un malentendido y pidiéndole que interceda por ella ante su hermano James.

Ejemplo 7

TCR: 01.30.40

Capítulos 30 y 31

El desenlace final, desde que Mr. Tilney confiesa su amor a Catherine hasta el final de la historia se cuenta en dos capítulos en la novela y tan solo unos minutos en la película.

Ejemplo 8

La mayoría de los diálogos han sufrido un proceso de reducción en la película.

d) *Redisposiciones*

Ejemplo 1

TCR: 00.08.56

Se muestra a los hermanos Thorpe en el *tea room* de Bath mucho antes de que aparezcan por primera vez en la novela.

Ejemplo 2

TCR: 00.09.35

Capítulo 3

La manera en la que se conocen Mr. Tilney y Miss Morland es distinta en la novela y la película, tanto por el modo como por el momento en el que esta presentación tiene lugar.

Ejemplo 3

TCR: 00.09.55

Capítulo 3

En la película, el diálogo entre Mr. Tilney y Mrs. Allen en el que esta descubre que el joven entiende de muselinas es el inicio de la relación entre Mr. Tilney y Catherine Morland. En la novela, esta conversación tiene lugar más adelante.

Ejemplo 4

TCR: 00.17.43

Capítulo 4

El primer encuentro entre Mrs. Allen y Mrs. Thorpe tiene lugar en distintos momentos y circunstancias. En el libro, se sitúa en el *pump room*, mientras que en la película el entorno es una calle de Bath.

Ejemplo 5

TCR: 00.55.34

Capítulo 19

El diálogo en el que Catherine manifiesta a Mr. Tilney su preocupación por la creciente amistad entre Isabella y el capitán Tilney se sitúa en momentos y contextos distintos. En la novela, esta conversación ocurre poco antes de que Catherine emprenda su viaje, mientras que en la película se sitúa en la calesa que comparten Catherine y Henry Tilney camino de Northanger Abbey.

Ejemplo 6

TCR: 01.07.33

Capítulo 26

La visita de Catherine Morland a la vicaría que ocupará Mr. Tilney tiene lugar en distintos momentos y circunstancias. En la novela se trata de un viaje de toda la familia Tilney, mientras que en la película solo van Catherine y Henry a caballo.

Ejemplo 7

TCR: 01.20.00

Capítulo 28

La expulsión de Miss Morland de Northanger Abbey se sitúa a medianoche en la película y a primera hora de la mañana en el libro. Hay muchas circunstancias distintas en este pasaje de la historia.

Ejemplo 8

TCR: 01.27.56

Capítulo 30

La llegada de Mr. Tilney a Fullerton para disculparse por lo ocurrido se relata de modos distintos. En la novela se cuenta que llega a la casa y es recibido por Mrs. Morland, que avisa a Catherine, mientras que en la película es Catherine la primera en verlo, avisada por sus hermanos, mientras está en el jardín.

3.2.2. *Variaciones en el discurso*

a) *Voz narrativa*

a.i.) *Narración adaptada en imágenes*

Ejemplo 1

TCR: 00.06.16

Capítulo 2

Se narran los preparativos de Catherine Morland para su primera aparición en público en Bath.

Ejemplo 2

TCR: 00.07.24

Capítulo 2

Se narra la llegada al *ball room* de Bath y las impresiones de Catherine al ver el lugar atestado de gente.

Ejemplo 3

TCR: 00.08.28

Capítulo 2

Se cuenta el malestar de Catherine y Mrs. Allen al no tener ningún conocido con el que conversar en el *tea room*.

a.ii.)   *Narración adaptada en diálogos*

Ejemplo 1

TCR: 00.03.20

Capítulo 1

Se narra la invitación de los Allen para que Catherine viaje con ellos a Bath.

Ejemplo 2

TCR: 00.05.12

Capítulo 2

Se narran la llegada de Catherine a Bath y sus primeros días allí.

Ejemplo 3

TCR: 00.54.20

Capítulo 20

Se narra el momento en el que los Tilney van a recoger a Catherine para viajar a la Abadía de Northanger, y la preocupación del general por la puntualidad.

Ejemplo 4

TCR: 01.06.09

Capítulo 28

Se relata la marcha del general Tilney que se ve obligado a ausentarse de Northanger Abbey mientras Catherine permanece con Henry y Eleanor.

Ejemplo 5

TCR: 01.32.24

Capítulo 30

La larga explicación de Henry Tilney cuando acude a Fullerton para disculparse ante Catherine, que es narrada por la autora en la novela, se transforma en un diálogo entre él y Catherine en la película.

b) *Punto de vista*

Ejemplo 1

TCR: 00.23.50

Capítulo 8

En la película se crea un ligero malentendido la primera vez que Catherine ve a Eleanor Tilney, ya que ella piensa que esa joven puede ser la prometida de Henry. En el libro queda claro que no es así.

Ejemplo 2

La relación de James Morland con Isabella se muestra de un modo distinto en el libro y en la película. En la novela se hace ver que Isabella está interesada en Mr. Morland desde un principio, mientras que en la película aparece como algo repentino.

Ejemplo 3

TCR: 00.20.20

Capítulo 5

En la novela se dice que Isabella tiene una buena opinión de Mr. Tilney por el hecho de ser clérigo y que ella siente un gran respeto y admiración por ese estado. Mientras que la película se le adjudica un comentario en el que viene a decir lo contrario.

Ejemplo 4

TCR: 01.16.48

Capítulo 25

En la novela, tanto Henry como Eleanor se muestran preocupados por un posible compromiso de su hermano Frederick con Isabella. Sin embargo, en la película Eleanor en ningún momento contempla esa posibilidad, y Henry ni siquiera llega a conocer esa relación.

Ejemplo 5

TCR: 01.21.36

Capítulo 28

En la película, se muestra a Catherine compungida y con un gran sentimiento de culpa, pensando que merece ser expulsada de Northanger Abbey por lo que pensó y dijo sobre el general Tilney. Sin embargo, en la novela se la muestra confusa, sin comprender cuál ha sido la razón de la actitud del general, segura de que Henry no le ha comentado nada de lo que hablaron sobre él.

c) *Elementos descriptivos*

En este apartado, hemos incluido las variaciones que tienen una relación directa con el tono tanto de la novela como de la película.

Ejemplo 1

Capítulo 20

Henry Tilney relata una escena imaginaria de Catherine en Northanger Abbey imitando el estilo de las novelas góticas que ella suele leer y burlándose de ellas. Esta narración, junto con otros elementos de la historia, justifican los sueños «góticos» de Catherine que se muestran en la película.

Ejemplo 2

TCR: 00.38.16

A lo largo de la película, se muestran algunos comentarios y escenas que de un modo sucinto dan un ligero tinte erótico al tono de la película, y sobre todo a las ensoñaciones de Catherine, que no se detecta en la novela.

Ejemplo 3

A lo largo de toda la película se adaptan los diálogos de la novela, no solo reduciendo su extensión, sino alterando su sintaxis y vocabulario para hacerlos más actuales y comprensibles para el público.

Ejemplo 4

TCR: 00.27.28

Capítulo 9

En la novela, John Thorpe al hablar de Mr. Allen y su gran fortuna se refiere a él como «as rich as a Jew». Sin embargo, en la película se ha sustituido esta expresión por «rich as Croesus».

3.3. Justificación de las operaciones retóricas realizadas durante el proceso de adaptación

En este apartado trataremos de ofrecer una explicación que justifique los cambios introducidos en el guión para comprender mejor la actitud del adaptador, las razones de su actuación y su intencionalidad a lo largo del proceso.

3.3.1. *Variaciones en la historia*

a) *Adiciones*

Los ejemplos ofrecidos en este apartado han sido los únicos que se han podido localizar. Es decir, tan solo se han encontrado cuatro adiciones por parte del adaptador, aunque la primera de ellas (los sueños de Catherine) aparece en repetidas ocasiones a lo largo de la película.

El hecho de que el número de adiciones sea bastante bajo, nos lleva a pensar que el adaptador tan solo ha utilizado este recurso cuando lo ha estimado realmente necesario, por lo que cada uno de estos añadidos tiene un peso específico en el guion cinematográfico.

Una de las razones principales que encontramos para estas adiciones es que contribuyen a la ambientación y credibilidad de la historia.

En el caso de los sueños góticos de Catherine, es evidente que sustituyen a las descripciones psicológicas que podemos hallar en la novela y también al tono crítico, irónico y desenfadado con el que Jane Austen se refiere al carácter de la protagonista, su afición por las novelas góticas y su exceso de imaginación. Con este recurso, el guionista ha logrado introducir ese tono cómico y ligeramente erotizado con el que ha decidido envolver al personaje de Catherine Morland, en el que conviven una inocencia infantil con una imaginación desbordante en la que caben fantasías truculentas y ensoñaciones demasiado atrevidas para lo que cabría esperar de una dama como ella.

El baile entre Mr. Thorpe y Miss Morland, que no llega a producirse en la novela, acentúa el tan conocido recurso del triángulo amoroso, al mostrar cierta intimidad entre Catherine y John Thorpe, con la atracción por Henry Tilney de fondo. Aunque este baile es una adición del adaptador, la conversación que mantienen los dos personajes sí se corresponde con un diálogo de la novela, pero en vez de situarla en un paseo por las calles de Bath, como ocurre en el original, ha preferido ambientarla en un baile, contribuyendo así a la ambientación general de la historia y proporcionándole un tono algo más íntimo, aunque en realidad lo que logra es crear un fuerte contraste entre lo que debería ser un momento romántico y la rudeza con la que se expresa Mr. Thorpe.

La aparición del pretendiente de Eleanor y las explicaciones que Henry aporta a Catherine sobre este personaje también contribuyen de un modo significativo al desarrollo de la historia y a su ambientación. Nos muestran un lado de Eleanor que pasaría inadvertido de otra forma. También nos ponen sobre aviso de la actitud del general Tilney en lo referente a los matrimonios de sus hijos, y esto aporta credibilidad a su posterior reacción y también permite que veamos los temores de Catherine y las dudas de Henry al pensar en un posible compromiso entre ellos.

Por último, la breve referencia de Henry Tilney a «otras formas de vampirismo», es un adelanto de su posterior explicación sobre los sufrimientos que su madre tuvo que soportar al verse utilizada por su padre, que tan solo se había casado con ella por su dinero. El adaptador ha querido introducir un elemento que brinde mayor consistencia a la historia y que aporte credibilidad a la actitud de los personajes.

En conclusión, podemos decir que estas adiciones tienen la doble finalidad de contribuir a la ambientación y coherencia del argumento de la película.

b) *Supresiones*

En este caso, no hemos incluido todos los ejemplos que se han hallado en el contraste de textos, sino solo los necesarios para ilustrar la actitud del adaptador.

Las razones que pueden haber motivado esta eliminación de elementos son varias. Por un lado, tenemos la limitación temporal propia de una película. Serían necesarias muchas horas para poder reflejar fielmente todo el contenido de una novela de la extensión de Northanger Abbey y, como es lógico, esto no es planteable ya que iría en detrimento de la propia obra al hacerla difícilmente soportable para el público.

Pero no se trata solo de una cuestión temporal, sino que hay otros factores al menos igual de importantes. Como hemos visto en la parte introductoria de este primer bloque del presente estudio, el lenguaje del cine es distinto del literario y, por lo tanto, no se puede contar una película tal y como se cuenta una novela. Por esta razón, el guionista ha decidido omitir ciertos diálogos que podrían distraer la atención del público y apartarlo de la trama principal, que es la que tiene un mayor realce en la versión cinematográfica. Esto ha llevado consigo la omisión de varias conversaciones entre Catherine y Henry Tilney que, aunque son muy interesantes para el lector, resultarían poco naturales en la gran pantalla y ralentizarían en exceso el ritmo narrativo de la película.

Lo mismo ocurre con algunas intervenciones de otros personajes que en la novela logran mostrar, más aún, esculpir su personalidad. Una de las características más destacables de las novelas de Jane Austen es la maestría con la que esta autora logra caracterizar a sus personajes sin recurrir a largas descripciones. La autora de Northanger Abbey muestra la personalidad de aquellos que aparecen en sus novelas a través de sus palabras y su forma de expresarse. Aunque este tono individualizado y característico se

ha mantenido en el guión cinematográfico, el adaptador ha preferido recortar enorme-
mente las intervenciones de los personajes para no cansar a la audiencia, confiando en
el poder de la imagen para sustituir a los extensos diálogos de la novela.

c) *Condensaciones*

Las razones que han llevado al adaptador a utilizar este recurso están relacionadas
en parte con lo explicado en el apartado anterior.

Uno de los motivos por los que se han reducido diálogos, unificado escenas y
acortado intervenciones es el tiempo. Como se ha dicho más arriba, el metraje de un
filme es limitado y sobrepasarlo no solo implica un coste económico, sino también un
riesgo para su éxito.

Pero no solo se trata de una cuestión de tiempo, sino que hay otros factores, aunque
todos ellos relacionados con la atención del público.

Como se puede ver en los ejemplos ofrecidos, el adaptador ha optado por unificar
aquellas escenas en las que existe alguna similitud, ya sea un paseo, una conversación
entre los mismos interlocutores u otras situaciones que compartan un mismo entorno,
o los mismos personajes. La razón que justifica esta estrategia es evitar aquellas repeti-
ciones que puedan cansar o aburrir al público, y que de algún modo ralenticen el ritmo
narrativo. Una novela puede permitirse algunas licencias que inducirían al fracaso en
caso de respetarse en su versión cinematográfica.

Junto con estas razones, nos parece que en este caso el adaptador también ha
decidido condensar los diálogos y escenas para mantener el tono ligero que impregna
toda la película. Como se ha dicho anteriormente, existe un trasfondo irónico y de cierta
comicidad tanto en la novela como en la película, que podría perderse en el caso de
sobrecargar el guión con largas conversaciones o situaciones innecesarias. Lo importante es retratar convenientemente a la protagonista y permitir que la historia avance
sin detenerse más de lo necesario.

d) *Redisposiciones*

Como se puede advertir en los ejemplos ofrecidos en el apartado anterior, las razones que han motivado la redisposición de algunos diálogos o situaciones son variadas.

Por una parte, podríamos aludir a un motivo estético, la búsqueda de exteriores. En
la novela, la mayor parte de los diálogos se sitúan en el interior de distintos edificios, ya
sea la casa de uno de los protagonistas o los diversos salones de Bath. En la adaptación
cinematográfica, el guionista ha decidido dotar a estas escenas de una mayor belleza,
situándolas en parajes naturales, y también contribuir a la ambientación localizando
algunos de los diálogos en las calles de Bath.

Otra de las razones, muy en relación con lo visto hasta ahora, podría ser el afán
por simplificar y eliminar lo innecesario. Se adelantan situaciones, uniéndolas a otras o
sustituyendo a las que le preceden para buscar una trama más simple y ágil. En alguna

ocasión, se ha utilizado este recurso para despertar la curiosidad del espectador o adelantar algún detalle que capte la atención del público. Esto ocurre, por ejemplo, al mostrar a los hermanos Tilney antes de que sepamos quiénes son, y mucho antes de su aparición en la novela.

Por último, nos referiremos a dos ejemplos en los que se han redispuesto los acontecimientos con la finalidad de conferirles una mayor carga dramática, aunque en sentidos muy diferentes.

El primero sería el hecho de que en la película se sitúe la expulsión de Catherine y su viaje de regreso a Fullerton a medianoche, mientras que, en la novela, aunque la llegada del general Tilney tiene lugar por la noche, Catherine no abandona la abadía hasta la mañana siguiente. Con esta variación, el guionista ha logrado aumentar la sensación de soledad de la protagonista y la crueldad con la que se le trata.

El segundo ejemplo, de índole muy diversa, es la llegada de Mr. Tilney a casa de los Morland. En la novela, es Mrs. Morland la primera en saludarlo y la escena tiene lugar en el interior de la casa. Sin embargo, al adaptar esta novela al cine, el guionista ha decidido crear un encuentro entre Catherine y Henry en el jardín de la casa, logrando una mayor carga romántica, que va subiendo de intensidad hasta llegar al final de la historia.

3.3.2. *Variaciones en el discurso*

a) *Voz narrativa*

a.i) *Narración adaptada en imágenes*

Lo propio del lenguaje cinematográfico es no contar con palabras lo que se pueda mostrar con imágenes, y por esta razón, es lógico que haya muchos momentos de la novela que se narran visualmente.

Los ejemplos ofrecidos se sitúan al inicio de la película y han sido seleccionados ya que en tan solo unos segundos, logran resumir varias páginas de la novela, logrando mantener el tono del original y aportando una gran cantidad de información al público sobre los personajes, el entorno y el ambiente sociocultural.

a.ii) *Narración adaptada en diálogos*

En la adaptación cinematográfica de Northanger Abbey, podemos escuchar la voz de la narradora, en este caso Jane Austen, en un par de ocasiones: al principio y al final de la historia. Este recurso, que puede entenderse como un tributo a la versión original y a su autora, logra su propósito gracias a la brevedad de dichas intervenciones. La voz en *off*, que sustituye al narrador literario, puede ser una gran ayuda o convertirse en un lastre, dependiendo de la maestría con la que se utilice. Del mismo modo que es preferible no contar con palabras lo que se pueda mostrar con imágenes, podríamos decir que es mucho mejor que sean los personajes los que hablen y no un tercero, ya sea una voz en *off* o un narrador que participe en la historia.

En el caso de la adaptación que estamos analizando, podemos decir que los diálogos que se han introducido sustituyendo a partes narradas tienen la clara finalidad de agilizar la historia y conferirle un ritmo más ágil, a la vez que nos muestran el carácter de los personajes que suele reflejarse a través de sus palabras.

b)   *Punto de vista*

Al leer una novela contada por un narrador omnisciente, como es el caso de Northanger Abbey, los lectores conocen los acontecimientos al ritmo que este narrador decide. Es él quien administra los tiempos y la información. Nuestras opiniones son en realidad sus opiniones, ya que el narrador suele intervenir juzgando a los personajes, ya sea a través de una valoración propia, o simplemente mostrando la información de un modo sesgado. Aunque esto también ocurre de algún modo al ver una película, también es cierto que el público cuenta con una mayor autonomía, ya que no conoce a los personajes a través del narrador sino que los ve actuar. Aun así, el guionista puede manipular a la audiencia creando malentendidos, despertando sospechas, provocando sorpresas, etc.

En la adaptación de Northanger Abbey podemos observar algunas variaciones en el discurso, destinadas a implicar emocionalmente al público, y a proporcionarle una mayor cercanía con los protagonistas. Por ejemplo, al crear un ligero y breve malentendido —inexistente en la novela— al mostrar a Eleanor Tilney junto a su hermano por primera vez, y haciéndonos creer a través de Catherine que esa joven podría ser su prometida, el guionista nos ha dejado entrever el incipiente enamoramiento de Mrs. Morland por ese joven caballero, y su primer desengaño, que se convertirá en alivio al creerlo comprometido y descubrir que no es así.

También se utilizan estos cambios en el punto de vista para dar mayor cohesión y credibilidad a la historia. Al contar con menos tiempo para presentarnos a los personajes y la trama en general, el guionista se ve obligado a introducir elementos que resuman las largas explicaciones que puede permitirse el escritor en sus novelas.

Entre los ejemplos escogidos en este apartado, vemos que hay varios que contribuyen a consolidar el nuevo enfoque aportado por el adaptador, y que se separa del de la novela en la que se basa la película. Una de las principales diferencias entre la novela y el guión cinematográfico de Northanger Abbey es que, en este último, se hace creer al público que la expulsión de la joven se debe a que el general ha tenido conocimiento de las sospechas que Catherine albergó en su mente, excesivamente fantasiosa, y que le implicaban en la muerte de Mrs. Tilney. Desde el primer momento, Catherine se muestra compungida y la oímos decir varias veces que todo es culpa suya. Este es un recurso escogido por el adaptador para acortar la historia y ofrecer una explicación lógica a los espectadores, que de otro modo se sentirían completamente desconcertados. Como hemos dicho anteriormente, en la novela esto no ocurre así, pero, a diferencia de la película, la autora cuenta con tiempo de sobra para aportar otros datos que hagan innecesaria una explicación como la del filme.

c) *Elementos descriptivos*

En Northanger Abbey encontramos continuas referencias a las novelas góticas, tan de moda en la época de la autora. De hecho, Jane Austen dotó a esta historia de una gran cantidad de elementos propios de las novelas góticas, con la finalidad de burlarse de este género y ejercitar su bien conocida ironía ridiculizando tanto a dichas novelas como a las personas que las leían.

El adaptador cinematográfico, consciente de esta intencionalidad de la autora, ha empleado varios recursos para mantener este tono crítico y burlón. El recurso que más ha utilizado ha sido la inclusión de distintos sueños de Catherine en los que la joven es representada como la protagonista de una novela gótica. La temática de estos sueños y los personajes que en ellos aparecen varían a lo largo de la historia, pero lo que se mantiene constante es la ambientación exageradamente lúgubre y malvada.

Como ya se ha comentado con anterioridad, el guionista también ha decidido erotizar ligeramente el tono de la novela, no solo a través de estos sueños, en los que se ve a una Catherine que en poco se parece a la muchacha inocente y candorosa que se muestra durante el resto de la película, sino también a través de las insinuaciones a la temática de las novelas y en una escena en la que se evidencia que Isabella y el capitán Tilney han mantenido relaciones sexuales. Este es un punto de vista que no encontramos en la novela, aunque seguramente a ojos del adaptador, se puede sobrentender dada la temática de las obras góticas en las que sí abundan este tipo de elementos.

En el apartado sobre reducciones hemos comentado que se habían simplificado muchos diálogos para reducir su duración y no distraer al público de la trama principal. Junto con eso, también habría que añadir que no solo se ha reducido la extensión de estos diálogos, sino que de modo casi continuo se han reescrito, adaptándolos a una forma de expresión más actual, aunque manteniendo cierto tono del pasado. El objetivo es que el público se encuentre cómodo al ver la película, y no sienta el choque continuo que provocaría un lenguaje anticuado con unas estructuras que resultan extrañas al hablante actual.

Por último, queremos destacar un hecho que nos ha llamado la atención de manera especial. Como se puede ver en el ejemplo 4, al referirse a Mr. Allen, John Thorpe utiliza la expresión «rich as a Jew», que al adaptarse al cine ha pasado a «rich as Croesus». La razón que ha motivado este cambio parece ser sociocultural. Seguramente el adaptador no ha juzgado políticamente correcto mantener una expresión que puede entenderse como ofensiva para el pueblo judío y ha decidido sustituirla por una con el mismo sentido, pero sin riesgos de ningún tipo.

4. Conclusión

Como se adelantó al hablar de la metodología que se iba a seguir en el análisis, el objetivo de este último apartado es evaluar el grado de cortesía que el adaptador ha mantenido respecto a la novela original, y el resultado del proceso de reinterpretación y diálogo.

Respecto a primer punto, podemos decir que el guionista ha mantenido un grado alto de cortesía, o fidelidad al espíritu, como también se ha denominado esta actitud. Como se puede apreciar en los distintos ejemplos ofrecidos y en los comentarios que sobre ellos se han realizado, aunque ha habido una gran cantidad de variaciones tanto en la historia como en el discurso, la gran mayoría se han debido al cambio de lenguaje, es decir, a la necesidad de traducir el lenguaje literario en lenguaje cinematográfico. No se ha tratado de una modificación arbitraria o injustificada, sino de un proceso necesario para evitar que los elementos propios de un medio perjudicaran el resultado final. Es más, algunos de estos cambios, en concreto las adiciones de los sueños, tienen como finalidad respetar el tono de la novela que, de otro modo, podría haberse perdido, al menos en parte. Al pasar del lenguaje literario al cinematográfico, desaparece la voz del narrador —a excepción de las dos breves intervenciones ya mencionadas—, y esto lleva consigo una posible pérdida de intencionalidad que el adaptador ha tratado de subsanar con otros recursos.

También encontramos algunos cambios en los personajes, no solo en su forma de ser, sino también en el protagonismo que se les otorga en una versión u otra. Por ejemplo, las apariciones del general Tilney son mucho menos numerosas en la película que en la novela, y por esta razón, su carácter queda tan solo esbozado en el filme. Lo mismo ocurre con otros personajes que aparecen tan solo unos momentos o incluso son eliminados. Pero, una vez más, podríamos decir que esto son «necesidades del guión», y no denotan una falta de respeto hacia el texto original. Como se explicó al introducir el término «cortesía», esta actitud no implica sumisión por parte del adaptador, que cuenta con total libertad para tomar los elementos que considere oportunos y cambiar lo que haga falta para lograr su objetivo, pero siempre con una actitud de respeto hacia la obra que le sirve de inspiración.

Continuando con las conclusiones del análisis, vamos a abordar ahora las consecuencias del proceso de reinterpretación y diálogo, que en realidad son un elemento más de la cortesía del adaptador hacia el autor de la novela.

Podemos encontrar una clara muestra de esta reinterpretación en el hecho de que el guionista haya decidido variar ligeramente el tono, haciéndolo más actual y provocativo, tanto a través de las variaciones introducidas en los diálogos, como por la actitud de algunos personajes. También se ve la intervención del adaptador en la parte final de la novela, en la que se simplifica el desenlace, haciendo creer a los espectadores que el malestar del general Tilney se debe tan solo a las elucubraciones de Catherine. Las redisposiciones y los demás recursos utilizados a lo largo del proceso de adaptación, contribuyen a lograr el objetivo del guionista, que ha pretendido crear una obra ágil, divertida, con fuertes referentes culturales, ambientada en una época muy determinada, pero haciéndola asequible y cercana al público del siglo XXI. Fiel al espíritu de la obra de Jane Austen, que ofrece una visión crítica e irónica de las novelas góticas y sus efectos en las jovencitas, a la vez que continúa con su costumbre de mostrar las carencias, los contrasentidos, la hipocresía y los estereotipos de la sociedad en la que vivió. Y, sin dejar de ser fiel al espíritu de la novela, también se trata de una obra innovadora en algunos aspectos, que no ha dudado en descartar todo aquello que pudiera ser un lastre y en adoptar las formas propias de su modo de expresión.

Capítulo 3
Análisis de la traducción para el doblaje
y para la subtitulación de la película Nothanger Abbey

1. Introducción

En el capítulo anterior, hemos analizado el proceso de adaptación cinematográfica de la novela *Northanger Abbey* de Jane Austen. Como se ha podido apreciar, este proceso de cambio de lenguaje, del literario al audiovisual, conlleva una serie de variaciones que afectan de un modo u otro a la percepción de la obra por parte del público. Tal y como se comentó, aunque el lenguaje de Austen está presente en la película, ha sido necesario introducir modificaciones de diverso tipo para adaptarlo al nuevo formato, puesto que el lenguaje literario y el audiovisual son diferentes.

En las siguientes páginas abordaremos otra cuestión relacionada con la misma película; la traducción para doblaje y para la subtitulación. Como se verá en los siguientes apartados, tanto el doblaje como la subtitulación tienen sus propias características que condicionan el trabajo del traductor, que ya de por sí cuenta con retos y problemas de manera habitual. La necesidad de ajustarse al tiempo y a los movimientos de labios o a la velocidad lectora de la audiencia se unen a la tarea de traducir expresiones idiomáticas, referentes culturales, etc.

2. Traducción para el doblaje en lengua española de *Northanger Abbey*

2.1. El lenguaje de Jane Austen y su traducción a otros idiomas

En este apartado no pretendemos abordar en profundidad el estilo literario de Jane Austen, sino tan solo destacar algunas características de la forma de escribir de esta autora, que habrán de tenerse en cuenta a la hora de realizar la traducción de alguna de sus obras.

En primer lugar, destacaremos la precisión del lenguaje de Jane Austen. El gusto por el término exacto que sirve tanto para expresar diversos matices —muchas veces a través de la ironía— como para caracterizar a los personajes. No es casualidad que una frase se ponga en boca de un personaje y no de otro, tampoco las palabras ni el tono que la componen. Como es bien sabido por los lectores habituales de esta reconocida autora, Jane Austen prefiere mostrar a los protagonistas de sus obras en vez de describirlos. Los conocemos a través de sus palabras, aunque también el narrador nos aporta algunos rasgos generales que se concretan con cada una de sus intervenciones (Jordán, 2017).

A través del lenguaje, no solo nos familiarizaremos con la forma de ser de los personajes, sino que también identificaremos su nivel social. Es decir, a lo largo de sus obras, encontramos distintos registros en función de los interlocutores. Incluso los mismos personajes pueden cambiar de registro dependiendo del contexto. También debemos tener en cuenta el lenguaje utilizado por el narrador y sus frecuentes comentarios irónicos que manipulan la percepción de los lectores (Bray, 2018).

Por último, destacaremos una consecuencia lógica del paso del tiempo y es el hecho de que algunos de los términos empleados por esta escritora hayan perdido parte de su significado o se consideren arcaísmos en la actualidad.

Todos estos aspectos han de tenerse en cuenta a la hora de elaborar una traducción, si no se quiere que el resultado diste excesivamente del trabajo original de esta autora y se empobrezca de manera significativa. Para poder traducir correctamente las obras de Jane Austen es necesario captar el tono general y el concreto, es decir, descubrir la finalidad de la autora, su punto de vista, los aspectos que ridiculiza y los que ensalza, así como también comprender la personalidad de cada protagonista, sus puntos fuertes y débiles, su influencia en la historia, el lugar social que le corresponde, etc. Solo así se podrán reescribir estas obras en lenguas distintas sin que se pierda demasiada información en el proceso (Jiménez-Carrá, 2015).

Como ya se ha visto en apartados anteriores, las novelas de Jane Austen no están ancladas a una época concreta, aunque se encuentren una infinidad de detalles propios de la sociedad en la que vivió. Todos esos matices se pueden explicar con más o menos acierto en las diversas traducciones que se realicen a lo largo del tiempo. Lo fundamental de estas obras son las personas, sus sentimientos, sus virtudes y defectos, las relaciones entre ellos, los convencionalismos, prejuicios, temores y anhelos que condicionan su modo de actuar. Y estos elementos son capaces de resistir el paso del tiempo (Jordán, 2017). Por lo tanto, la labor del traductor consistirá, fundamentalmente, en reflejar fielmente lo que perdura y acercar, adaptando si es necesario, lo contingente.

2.2. La traducción para el doblaje

A continuación, comentaremos brevemente algunos aspectos propios de la traducción para el doblaje, que condicionan la labor del traductor, obligándole a tomar medidas concretas que favorezcan la visualización del producto final, aunque en ocasiones esto lleve consigo cierto alejamiento del material de origen.

Según Agost (1999), «la característica que define y diferencia esta modalidad es la necesidad de conseguir una sincronía visual». Este es el término que se ha de tener en cuenta por encima de todos a la hora de traducir un texto audiovisual, la sincronía. Agost diferencia tres tipos de sincronismo:

El primero es común a todas las modalidades de traducción. Se trata del sincronismo de contenido, que se refiere a la congruencia entre el texto original y la traducción. El responsable de la consecución de este tipo de sincronismo es el traductor.

El segundo es el sincronismo de caracterización, propio del doblaje; se trata de conseguir una armonía entre la voz de los actores de doblaje y la imagen de los que vemos en la pantalla. Este es uno de los cometidos del director de doblaje.

Finalmente, el tercer tipo de sincronismo es el visual y viene determinado por la existencia de una imbricación entre el código oral y el código visual: se trata de conseguir una armonía entre los movimientos articulatorios visibles en la pantalla y lo que oímos. El traductor/adaptador es el encargado de llevar a cabo este sincronismo que podríamos clasificar en: fonético, quinésico e isocronía.

En este trabajo nos vamos a centrar en el primer tipo de sincronismo, es decir, el de contenido, contrastando el guion en inglés con dos de sus traducciones al español, una para el doblaje y otra para la subtitulación.

En primer lugar, analizaremos la traducción para el doblaje y comentaremos las técnicas de traducción utilizadas en este proceso y ofreceremos una valoración de los resultados obtenidos. Aunque, tal y como se acaba de decir, tan solo atenderemos a la sincronía de contenidos, no se debe olvidar que las otras dos sincronías, labial y visual, pueden influir de modo significativo a la hora de optar por una solución u otra, justificando así decisiones del traductor, que podrían parecer erróneas si no se tuviera esto en cuenta.

2.3. Técnicas de traducción

Antes de abordar el análisis de la traducción para el doblaje de la película *Northanger Abbey*, presentamos aquí una tabla de las técnicas de traducción (Molina y Hurtado, 2002; Martí-Ferriol, 2006 que hemos hallado en los ejemplos escogidos.

Técnica	Definición
Amplificación	Consiste en conservar el referente cultural original (normalmente en forma de préstamo) y añadir información necesaria para que el lector meta lo comprenda (notas a pie de página, paráfrasis explicativas, etc.).
Calco	Uso de un préstamo o traducción literal de una palabra o sintagma extranjero aun cuando existe una forma propia de la lengua meta; puede ser de tipo léxico y estructural.
Creación	Introducción de un referente cultural en la cultura meta, fruto de la creatividad del traductor.
Equivalencia	Técnica de traducción que mediante recursos estilísticos y estructurales completamente diferentes a los usados en la lengua original transmiten el mismo mensaje.
Explicitación	Es una expansión semántica, es decir, que algo que se dice en la (LO), en la (LM) puede estar representado por más palabras de las iniciales.
Modulación	Cambio de punto de vista, de enfoque o de categoría de pensamiento en relación con la formulación del referente cultural en el texto de partida, que puede ser léxico o estructural.

Técnica	Definición
Omisión	Consiste en la eliminación del texto en la LM, de modo que no aparece y se pierde esa información.
Paráfrasis	Explicación o interpretación amplificativa de un texto para ilustrarlo o hacerlo más claro o inteligible

3. ANÁLISIS DE LA TRADUCCIÓN PARA EL DOBLAJE DE *NORTHANGER ABBEY*

Procedemos a continuación a la clasificación y comentario de las técnicas de traducción utilizadas en el proceso de traducción del inglés al español para la elaboración del guion de doblaje de la película que estamos comentando.

Para facilitar la comprensión del siguiente análisis, hemos agrupado los ejemplos extraídos de la película según las técnicas utilizadas. Dentro de cada grupo, seguimos el orden temporal.

a) *Modulación*

Como se puede ver en la definición ofrecida en el epígrafe anterior, esta técnica consiste en la reformulación del texto de origen con variaciones que pueden atender a distintas razones (punto de vista, referente cultural, tono) con la finalidad de ofrecer un texto que se reconozca como natural en la lengua de llegada.

Al tratarse de una técnica muy amplia, existen distintas propuestas de categorizar los resultados. En este trabajo hemos optado por una clasificación propia atendiendo a las variaciones semánticas:

— Modulaciones sin variación semántica: a pesar de los cambios introducidos el significado sigue siendo el mismo.

— Modulaciones con variaciones semánticas no significativas: los cambios introducidos han supuesto una variación en el significado, que no repercute en el desarrollo de la historia ni en la percepción del mensaje o del modo de ser de los personajes por parte del público.

— Modulaciones con variaciones semánticas significativas: en este último apartado comentaremos algunas traducciones que nos parecen discutibles, ya que se han introducido cambios innecesarios que pueden repercutir en el conjunto de la obra.

a.i) *Modulaciones sin variación semántica*

Ejemplo 1

TCR: 00.01.06

But the Morlands were, in general, very plain, and Catherine, for many years of her life, as plain as any.	Pero los Morland, por lo general, eran sencillos, y Catherine, durante muchos años de su vida, más sencilla que nadie.

Comentario: se ha producido un cambio en la gradación del adjetivo, al pasar de comparativo de igualdad a superioridad.

Es de destacar que se ha escogido el término «sencilla» para traducir «plain». El término original se utiliza para calificar a una persona carente de atractivo físico. Este es un matiz que puede perderse al traducirlo como «sencilla», puesto que esta palabra se suele utilizar para denominar a gente de baja condición social o con pocas habilidades, y no tanto para hablar de características físicas.

Ejemplo 2

TCR: 00.01.35

You know, our Catherine has turned out rather well.	**Cariño, mira, hay que ver cómo está cambiando nuestra Catherine.**
Come on, Catherine, let's carry on.	Venga, Catherine, vamos a jugar.
No, later. Later.	No, luego.
She's quite a goodlooking girl.	**Es una muchacha de buen ver.**

Comentario: en la última frase se ha optado por una expresión algo arcaica en español para mantener el tono de la ambientación de la obra.

Ejemplo 3

TCR: 00.02.44

No, said Dr Malleson, no other place will do **so well for a gouty constitution like Mr Allen's.** No other place will do **so well for squandering money.**	No, dijo el doctor Malleson. Ningún otro lugar **le sentará tan bien a la gota del señor Allen.** Ningún otro lugar le **sentará tan mal a mi bolsillo.**

Comentario: se han sustituido las estructuras paralelas de las dos intervenciones por una contraposición de términos. También ha variado el punto de vista general por uno mucho más personalizado.

Ejemplo 4

TCR: 00.09.04

Had we not better go away? **There are no tea things for us**, and I think we are unwelcome here.	¿No sería mejor que nos marcháramos? **No nos sirven té** y creo que no somos bienvenidas aquí.

Comentario: se ha personalizado la frase general del inglés.

Ejemplo 5

TCR: 00.09.11

I wish we had a large acquaintance here. **I wish we had any.**	Ojalá tuviéramos más conocidos aquí, ¿no crees? **A mí con uno me bastaría.**

Comentario: Se ha omitido el paralelismo de las dos intervenciones para darle mayor realismo en español.

Ejemplo 6

TCR: 00.18.19

How do you do, Miss Morland? I have so long wished to meet you. Your brother **has spoken of you so affectionately.**	¿Cómo está, señorita Morland? Tenía muchas ganas de conocerla. Su hermano **me ha hablado mucho de usted.**

Comentario: el traductor se ha apartado ligeramente de la estructura original para utilizar la que es habitual en español.

Ejemplo 7

TCR: 00.25.32

She thinks it a waste of time when there are so many other things to do in town. **I can see that she might.**	Cree que es una pérdida de tiempo con la de cosas que hay en la ciudad. **Sí, salta a la vista.**

Comentario: se ha buscado una expresión idiomática en español que mantenga el sentido de la intervención original. Puesto que la frase en inglés no es una expresión idiomática, nos encontramos con un caso de modulación y no de equivalencia.

Ejemplo 8

TCR: 00.40.53

Did you ever hear the **old song,** "going to one wedding brings on another"? Perhaps you and I might try the truth of that?	Ha oído el **viejo dicho** de «una boda trae otra». Quizás usted y yo podamos hacerlo realidad.

Comentario: se ha neutralizado el referente cultural al sustituir la palabra «song» por «dicho». El público español probablemente desconocerá la canción a la que se hace referencia. Y, aunque tampoco conociera ese «dicho», ya se encarga el personaje de citarlo completamente, por lo que se ofrece toda la información necesaria.

Ejemplo 9

TCR: 00.41.03

I shall think of you, when I'm in town!	Pensaré en usted durante el viaje

Comentario: se sustituye el destino con el proceso.

Ejemplo 10

TCR: 00.44.28

I certainly am.	Decididamente sí.

Comentario: se sustituye una estructura típicamente inglesa por una más cercana al español.

Ejemplo 11

TCR: 00.51.45

No need to be coy.	Pero qué tímida eres.

Comentario: sustitución de una estructura negativa por una afirmativa.

Ejemplo 12

TCR: 00.53.04

My spirit, you know, is pretty independent. I wish your heart were independent. That would be enough for me. My heart? **What can you have to do with hearts?** None of you men have hearts.	**Con lo independiente que soy de espíritu**. Si fuera independiente de corazón, sería suficiente para mí. ¿De corazón? **¿Acaso le importan esas nimiedades?** No creo que los hombres tengan corazón.

Comentario: en la primera frase se ha buscado una expresión más propia de un diálogo español. En el otro texto resaltado en negrita, se ha evitado la repetición de una palabra, sustituyéndola por una de un registro más elevado que contribuya a la ambientación.

Ejemplo 13

TCR: 00.53.35

And if I shouldn't see you, write and tell me all your news from **Northanger.**	Y si no te veo antes, escríbeme con noticias **de tu viaje.**

Comentario: el traductor ha omitido el nombre de la abadía para reducir el uso de términos extranjerizantes.

Ejemplo 14

TCR: 01.04.11

Her **death** must have been a great affliction. **A great and increasing one.**	Su **pérdida** debió ser algo terrible. **La verdad es que sí.**

Comentario: en la primera línea se ha huido de la traducción literal para evitar la palabra «muerte» que puede resultar demasiado explícita en español. En el segundo caso se ha buscado una expresión más propia de la lengua meta.

Ejemplo 15

TCR:01.28.49

He married her for her money, you see. She thought it was for love. It was a long time **until she knew his heart was cold.**	Se casó por dinero y ella pensó que era por amor. Pasó mucho tiempo hasta que **ella se dio cuenta.**

Comentario: se ha reducido la frase final que podría sonar algo forzada en español.

a.ii) *Modulaciones con variaciones semánticas no significativas*

Ejemplo 1

TCR: 00.06.04

Resign yourself, Catherine. **Shops must be visited. Money must be spent.** **Do you think you could bear it?**	Resígnate, Catherine. **Ya tendrás tiempo de visitar tiendas y de gastar dinero. ¿Podrás soportar la espera?**

Comentario: se han sustituido las estructuras pasivas por activas, pero este cambio lleva consigo una modificación que obliga a variar el sentido de la frase final.

Ejemplo 2

TCR: 00.27.50

There'll be hell to pay if I tried to stop him now! Please stop, Mr Thorpe! It's too late. I'll get down! I will! It's not possible!	**Al diablo, ahora no puedo parar.** Por favor, pare, señor Thorpe. Demasiado tarde. Me bajaré yo sola. ¡Imposible!

Comentario: el sentido de la frase original puede estar más o menos implícito en la traducción, aunque se pierde parte del significado.

Ejemplo 3

TCR: 00.29.55

Will you move your sheep? I need to turn. **I'll take my bloody time!**	¿Quiere apartar las ovejas? Vamos a dar la vuelta. **Y a mí qué me cuenta.**

Comentario: se ha sustituido la frase original por una menos grosera aunque con el mismo sentido.

Ejemplo 4

TCR: 01.04.55

I should like to see her room, if you are willing to show me. We never go there. It is my father's wish. **But to see her picture?** **Yes.** Why should you not see it?	Me gustaría ver su habitación si eres tan amable de enseñármela. Nunca entramos, órdenes de mi padre. **¿Ni para ver el retrato?** **No...** ¿Por qué no ibas a verlo?

Comentario: se ha sustituido una estructura afirmativa por una negativa.

Ejemplo 5

TCR: 01.18.00

And...are we engaged? **Make yourself decent, Miss Thorpe. I must return you to your friends** before you're missed.	¿Entonces... estamos prometidos' **No diga tonterías señorita y reúnase** con sus amigos antes de que la echen en falta.

Comentario: la traducción se aleja un poco del original, tanto por el sentido de las expresiones como por el punto de vista, aun así el resultado es cercano y no distorsiona la narración.

Ejemplo 6

TCR: 01.18.50

(LETTER) «He is the only man I ever did or could love, and I know you will convince him of it.» **I most certainly shan 't!**	«James es el único hombre al que he querido y necesito que lo convenzas de ello.» **¿Pero qué se ha creído?**

Comentario: en la versión original, el comentario resaltado es una respuesta a la frase anterior, mientras que en español se ha empleado una expresión de disgusto más general.

Ejemplo 7

TCR: 01.21.45

I deserve to be sent home in disgrace	Me merezco este castigo.

Comentario: se ha abreviado la frase, dando por supuesto que la información del texto original queda recogida de un modo implícito en el término «castigo» apoyado por el contexto anterior.

Ejemplo 8

TCR: 01.31.32

To begin perfect happiness at the respective ages of 26 and 18 is to do pretty well.	Al fin y al cabo, no es tan terrible empezar a ser completamente feliz a las edades de 26 y 18 años.

Comentario: se ha sustituido una estructura afirmativa por otra negativa.

a.iii) *Modulaciones con variaciones semánticas significativas*

En este apartado recogemos las traducciones que nos parecen no del todo correctas y ofrecemos una propuesta alternativa.

Ejemplo 1

TCR: 00.10.42

How can you be so...?	¿Cómo puede ser tan...?
Presumptuous? Indeed. Without so much as an introduction. You must allow me to make amends, Mrs Allen.	**¿Presuntuoso? Así es. Sin más, que sirva de presentación. ¿Hacemos las paces, señora Allen?**

Comentario: la traducción resulta poco natural y el sentido se aleja del texto original.

Propuesta: *¿Presuntuoso? Tiene razón. Aún no nos han presentado. Permítame que lo arregle, señora Allen.*

Ejemplo 2

TCR: 00.18.35

I wish I were you, just beginning to read Udolpho for the first time.	Me gustaría poder leer los Misterios de Udolfo contigo por primera vez.

Comentario: se cambia el punto de vista y el sentido de la frase.

Propuesta: Ojalá estuviera en tu lugar, leyendo Udolfo por primera vez.

Ejemplo 3

TCR: 00.43.51

Well, I have always found that ignorance and prejudice **hold no bar to forming the strongest of opinions.**	Bueno, siempre he pensado que la ignorancia y los prejuicios **no sirven para crear opiniones sólidas.**

Comentario: se aparta del sentido original ofreciendo una frase poco clara en español.

Propuesta: Siempre he pensado que la ignorancia y los prejuicios son muy atrevidas a la hora de opinar.

Ejemplo 4

TCR: 00.52.52.23

Well, I dare say we should all be allowed a little harmless flirtation.	Bueno, pero yo diría que hubo cierto coqueteo entre los dos.

Comentario: aunque el sentido no se aleja demasiado del original, se pierde el matiz generalizante que también afecta a Miss Thorpe, que es quien pronuncia esta frase.

Propuesta: Bueno, supongo que todas tenemos derecho a coquetear de vez en cuando.

Ejemplo 5

TCR: 00.57.08

But, if I were to say, there is a kind of vampirism... No, let's just say that all houses have their secrets, and Northanger is no exception.	Pero si cree que aquí va a encontrar vampiros, le diré que no. Digamos que toda casa tiene sus secretos y Northanger no es una excepción.

Comentario: se aleja del sentido del original y afecta al desarrollo de la historia, puesto que más adelante se hace referencia a esta frase.

Propuesta: Pero, si quiere saber mi opinión, creo que existe cierta clase de vampirismo... No, dejémoslo en que todas las casas tienen sus secretos y Northanger no es una excepción.

Ejemplo 6

TCR: 01.09.23

A secret once explained loses all of its charms, and all of its danger, too.	Un secreto que una vez contado, pierde su encanto. Y es muy peligroso.

Comentario: se ha variado sin necesidad el sentido de la frase original.

Propuesta: Una vez que se cuenta, un secreto pierde su encanto y también su peligro.

Ejemplo 7

TCR: 01.14.29

What sort of a fevered imagination must you have? Perhaps, after all, **it is possible to read too many novels.**	¿Qué tipo de imaginación tiene usted? Claro quizás todo eso **se debe a esa afición que tiene a leer tantas novelas**

Comentario: se ha variado sin necesidad el sentido de la frase original.

Propuesta: Quizás, después de todo, sí que es posible leer demasiadas novelas.

Ejemplo 8

TCR: 0.16.51

Dearest Catherine, beware how you give your heart.	Querida Catherine: desconfía de quien te robe el corazón.

Comentario: se ha variado sin necesidad el sentido de la frase original pasando de una actitud activa a pasiva.

Propuesta: Querida Catherine: ten cuidado al entregar tu corazón.

Ejemplo 9

TCR: 01.21.48

I know my father's reasons and they do him no credit.	No has dado motivo alguno que justifique esta decisión.

Comentario: se ha variado sin necesidad el sentido de la frase original.

Propuesta: Conozco las razones de mi padre y no le dan derecho a actuar así.

Ejemplo 10

TCR: 01.24.39

No friend can be better worth keeping than Eleanor. **And Mr Tilney is not to blame.**	Ningún amigo será mejor que Eleanor, y **el señor Tilney tampoco es malo.**

Comentario: la frase final resulta carente de fuerza y pierde algo de sentido.

Propuesta: Ninguna amistad puede ser mejor que la de Eleanor. Y el señor Tilney tampoco tiene ninguna culpa.

Ejemplo 11

TCR: 01.30.43

I thought you were so angry with me you told him **what you knew**, which would have justified any discourtesy.	Pensaba que estaba usted tan enfadado que se lo contó, **lo que ya sabe.** Y eso justificó toda descortesía.

Comentario: la traducción de la parte resaltada se aparta del sentido original y hace que se pierda información.

Propuesta: Pensaba que estaba tan enfadado conmigo que le contó lo que sabía, y eso hubiera justificado cualquier descortesía.

b) *Omisión*

Ejemplo 1

TCR: 00.00.56

A family of ten children, of course, will always be called a fine family, **where there are heads and arms and legs enough for the number**	Una familia con diez hijos, siempre será considerada una familia distinguida, por supuesto

Comentario: se ha omitido una frase, quizás por su dificultad para adaptarla al español.

Ejemplo 2

TCR: 00.08.57

(Isabella and her brother) I don't know. Mother and daughter, I'd guess.	(Murmullos)

Comentario: esta frase apenas se oye en el original y se ha optado por omitirla al no ser relevante.

Ejemplo 3

TCR: 00.22.00

We were walking towards Edgar's **Buildings.** Were you? **Damn it**, we'll walk with you!	En este momento nos dirigíamos hacia Edgar's. Bien, entonces iremos con ustedes.

Comentario: en el primer caso se ha omitido un término extranjerizante. En el segundo se ha preferido no traducir una expresión poco apropiada.

Ejemplo 4

TCR: 00.34.01

Miss Catherine Morland, a very amiable girl, and very rich, too. Ward of a Mr Allen, who **made a fortune in trade**. And with noone to spend it on but her	La señorita Catherine Morland. Una chica afable y también muy rica. Pupila del señor Allen, que **tiene una fortuna** que gasta exclusivamente en ella.

Comentario: se ha omitido información que es importante para la gente que conozca el contexto sociocultural de la época, pero quizás no tanto para el resto del público.

Ejemplo 5

TCR: 00.50.25

I love our walks. I think I should like to stay in Bath **forever** and go walking with you every day!	Me encantan estos paseos. Me gustaría quedarme en Bath para poder pasear con vosotros todos los días.

Comentario: la expresión omitida no queda del todo implícita en el resto de la frase, pero tampoco es relevante.

Ejemplo 6

TCR: 00.54.22

I'm sure Miss Morland won't keep you waiting, **Father.**	Estoy segura de que la señorita Morland no le hará esperar.

Comentario: Se ha omitido el término respetuoso con el que la hija se dirige a su padre, pero el tono se ha mantenido gracias al uso del usted que no es posible en inglés.

c) *Equivalencia*

Ejemplo 1

TCR: 00.01.24

But by the age of 1 5, appearances were mending. Catherine Morland was **in training** for a heroine	Pero cuando cumplió quince años las apariencias cambiaron. Catherine Morland ya estaba **en camino** de ser una heroína.

Comentario: aunque se pierde algún matiz, la frase traducida suena más natural que si se hubiera mantenido el término original.

Ejemplo 2

TCR: 00.09.58

| Though it cost but nine shillings a **yard.** | Aunque no me ha costado más que nueve chelines la **vara.** |

Comentario: el traductor ha sustituido con éxito la unidad de medida extranjerizante por una propia de la cultura meta.

Ejemplo 3

TCR: 00.16.12

| I did discover that Mr Tilney is a young man of very good family, and a **clergyman** to boot. | Bueno, ya me he enterado de que el señor Tilney es de buena familia. Y, además, es **ministro de la iglesia.** |

Comentario: debido a las variaciones culturales es necesario buscar una traducción distinta de la que podría parecer natural. En el caso de que se hubiera utilizado la palabra «clérigo», esta habría dado lugar a equívocos, ya que España es un país de tradición católica en la que los sacerdotes no contraen matrimonio, ni asisten a bailes. Por esta razón, ministro de la iglesia parece una buena solución ya que transmite el mismo significado pero aporta el matiz de algo distinto de lo habitual.

Ejemplo 4

TCR: 00.42.14

| I dare say Charles Hodge will plague me to death about it. **But I shall cut him very short,** I can tell you. | Sé que Charles Hodge me perseguirá hasta la muerte, **pero me libraré** te lo aseguro. |

Comentario: se ha buscado una expresión idiomática que traduce casi por completo la frase original.

Ejemplo 5

TCR: 00.44.25

| **Good God,** Henry. You're not going to stand up in that maul, are you? | **Por Dios**, Henry, no irás a bailar eso, ¿verdad? |

Comentario: se ha utilizado una expresión idiomática que traduce fielmente la frase original.

Ejemplo 6

TCR: 00.54.47

These **great folks** don't like to be kept waiting.	A esos **peces gordos** no les gusta esperar.

Comentario: se ha sustituido la frase original por una expresión idiomática que traduce fielmente su sentido, aunque el resultado puede sonar algo forzado en el contexto en el que se sitúa la historia.

Ejemplo 7

TCR: 01.09.33

Why don't you imagine the worst thing you can, and write your own **Gothic romance** about it?	¿Por qué no se imagina algo realmente terrible y escribe su propia **novela gótica**?

Comentario: se ha utilizado el equivalente acuñado para la expresión original.

Ejemplo 8

TCR: 01.24.32

Well, we must live and learn.	De la experiencia se aprende.

Comentario: se ha sustituido una expresión idiomática de la lengua original por una equivalente de la lengua meta.

Ejemplo 9

TCR: 01.30.17

Hush, Lucy.	Lucy, por favor.

Comentario: se ha sustituido la expresión de la lengua original por una expresión muy distinta en cuanto a la forma, pero equivalente en cuanto al uso.

d) *Paráfrasis*

Ejemplo 1

TCR: 00.23.05

Penny for your thoughts, Miss Morland?	¿En qué está pensando, señorita Morland?

Comentario: se ha sustituido una expresión idiomática de la lengua de origen por una expresión no acuñada, aunque sí muy frecuente, de la lengua meta con la que se explica el sentido de la frase.

Ejemplo 2

TCR: 00.26.27

I saw him large as life, on the Lansdown Road, with a smartlooking girl by his side.	Sí le he visto dirigirse **feliz** hacia la carretera de Lansdown. Acompañado de una hermosa joven.

Comentario: se ha sustituido una expresión idiomática de la lengua de origen por una palabra con la que se explica el sentido de la frase.

Ejemplo 3

TCR: 00.50.17

What's the joke?	¿De qué os reís?

Comentario: se ha sustituido una expresión idiomática de la lengua de origen por una expresión no acuñada, aunque sí muy frecuente, de la lengua meta con la que se explica el sentido de la frase.

Ejemplo 4

TCR: 00.54.30

How grand! A **chaise and four!**	¡Qué maravilla! **Con cuatro caballos.**

Comentario: al tratarse de un elemento propio de la cultura de origen y de una época pasada, el traductor ha optado por neutralizar la expresión original y sustituirla por una breve explicación que la haga asequible al público.

Ejemplo 5

TCR: 01.10.10

Remember the man we met on our country walk? He is a good friend of mine, but he is a lot more than that to my sister. But our father has refused to sanction the match. Edward **is only a second son**. And Eleanor must marry the heir to a rich estate.	¿Recuerda a aquel hombre del paseo? Es un buen amigo mío, pero para mi hermana es algo más. En cambio mi padre no dio su consentimiento. **Edward es como otro hijo.** Y Eleanor tiene que casarse con el heredero de una fortuna

Comentario: la frase original tiene una gran carga connotativa que exige cierto conocimiento del contexto sociocultural para poder captarla. El hablante está destacando el hecho de que Edward, al no ser el primogénito, no heredará la fortuna familiar y esto lo descarta como posible pretendiente de Eleanor, ya que el padre de esta solo aceptará una oferta de matrimonio del un heredero. Aunque parece que el traductor ha comprendido el sentido de la expresión, lo cierto es que su modo de traducirla no resulta del todo eficiente y es muy probable que la mayoría de los espectadores no capten este matiz.

Ejemplo 6

TCR: 01.26.10

What games did you play?	Por ejemplo a qué jugabas.
We played I Spy and charades.	**Jugábamos a juegos de adivinanzas**

Comentario: en el texto se citan dos juegos propios de la cultura de origen, y el traductor en vez de buscar equivalencias ha optado por utilizar un término general que explique más o menos el sentido de ambos juegos.

e) *Amplificación*

Ejemplo 1

TCR: 00.35.18

What do you think, Catherine?	¿Qué opinas, Catherine?
It's wonderful. It reminds me of the South of France. **The Languedoc**, you know?	Es precioso, me recuerda al fin de Francia, **la región del Languedoc,** ¿la conoces?

Comentario: ante la duda de que los espectadores reconozcan el nombre de «Languedoc», el traductor ha optado por añadir el término «región» que permitirá que todos los espectadores comprendan el sentido de la frase, tanto si conocen dicha región como si no es así.

f) *Calco*

Ejemplo 1

TCR: 00.35.28

Have you travelled much in France?	¿Has viajado mucho por Francia?
No.	No.
Not at all, I've never been there.	Lo cierto es que nunca he estado allí, pero he visto **fotos.**
But I've seen **pictures.**	

Comentario: en este caso nos encontramos con un grave error del traductor ya que al escoger «fotos», que es una de las posibles traducciones de «pictures» ha cometido un anacronismo. La invención de la fotografía y la generalización de su uso tuvieron lugar casi medio siglo después de la creación de esta novela.

Ejemplo 2

TCR: 01.09.58

My brother Frederick is well enough, I think, **sowing his wild oats**, but soon he shall have to make an advantageous match.	Mi hermano Frederick está más o menos bien. **Sembrando su propia cosecha**, pero pronto tendrá que casarse.

Comentario: en este caso nos encontramos con una traducción en la que se ha seguido la estructura original de la expresión idiomática, dando lugar a una nueva frase que no existe en la lengua meta, ni refleja el sentido el texto original.

g) *Explicitación*

Ejemplo 1

TCR: 00.48.45

If we could only be married tomorrow, I would be happy to **live on 50 a year**.	Preferiría casarme mañana a cambio de **vivir con 50 libras al año**.

Comentario: el traductor ha decidido explicitar el sentido de la expresión original, añadiendo la información que el público de la lengua de origen comprendería sin problemas, pero que podría ser fuente de malentendidos para los espectadores de la lengua meta. De este modo se ha asegurado de que todos comprenderán el sentido del texto.

h) *Creación*

Ejemplo 1

TCR: 01.27.46

(NIÑO LEYENDO UN LIBRO INFANTIL) Ten... men ran to the fen ...to get Ben!	Vienen... Se van... a la busca de Ben.

Comentario: al encontrarse con el texto de un libro infantil propio de la cultura de origen, el traductor no ha buscado un equivalente, ni ha traducido fielmente el mencionado texto, sino que ha optado por una solución intermedia, aportando una creación personal que tenga algo que ver con la que aparece en el guión, aunque con muchas variaciones.

4. CONCLUSIÓN

En el Gráfico 1 se recogen los datos sobre el uso de las técnicas que acabamos de comentar. Como se puede ver, la técnica más utilizada, superando el cincuenta por ciento del total, ha sido la modulación. Después, aunque con una gran diferencia, iría la equivalencia, a la que le seguirían la omisión y la paráfrasis con el mismo número de usos. El empleo de las otras técnicas no es significativo ya que se han utilizado de manera muy puntual.

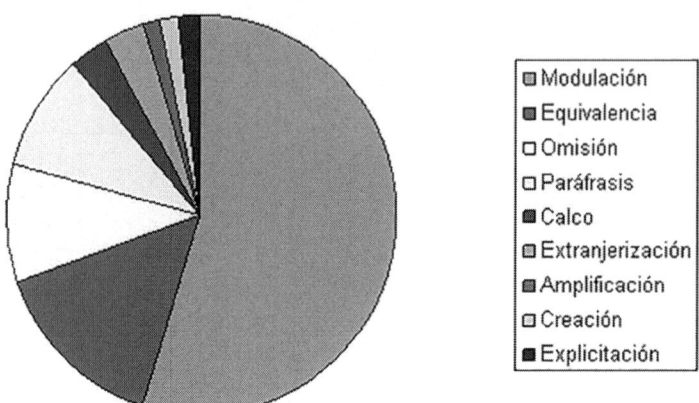

Grafico 1. Técnicas de traducción empleadas.

En el punto 3.1. del presente trabajo, hemos hablado sobre el estilo literario y la traducción de Jane Austen. Aunque en el proceso de adaptación cinematográfica este estilo ya ha sufrido numerosas variaciones, los puntos comentados en dicho epígrafe están muy relacionados con la frecuencia con la que se han utilizado las distintas técnicas de traducción.

La precisión del vocabulario de Jane Austen, la carga cultural de los términos que utiliza, el lenguaje propio de su época envejecido por el tiempo, la adecuación de los personajes con su forma de expresión, el uso de la ironía y del tono desenfadado como medio de crítica social justifican la decisión del traductor de utilizar técnicas que le permitan separarse del original y buscar maneras de trasladar el sentido, aunque deba variar palabras, estructuras, puntos de vista, etc.

El uso de técnicas traductológicas no solo es completamente lícito, sino que casi podríamos decir que es una obligación del traductor. La labor de traducción no es algo automático. No basta con buscar el significado de cada palabra e ir sustituyéndolo de un modo mecánico. Se deben tener en cuenta una gran cantidad de factores antes de tomar la decisión definitiva. Uno de estos factores es la finalidad del texto. En este caso nos enfrentamos a un texto audiovisual, que se dirige a un público concreto. El traductor, al escoger la modulación como técnica más frecuente, muestra su interés por lograr que los espectadores se sientan cómodos al ver y escuchar la película, hasta el punto de olvidar que están viendo una traducción y que las voces que escuchan no se corresponden con las de los actores.

En términos generales podríamos decir que el traductor ha logrado su propósito, aunque como se ha podido comprobar a través de varios ejemplos, ha cometido algunos errores importantes, y ha tomado decisiones que no parecen del todo justificables.

Capítulo 4
Análisis de la traducción para la subtitulación en lengua española de la película *Northanger Abbey*

1. La traducción para la subtitulación

En este apartado abordaremos de modo muy breve algunos aspectos teóricos y prácticos relacionados con el subtitulado, y su influencia en el proceso de traducción.

Según Díaz-Cintas (2005), la subtitulación es una práctica lingüística basada en tres componentes principales, la palabra oral, la imagen y los subtítulos, textos escritos que pretenden dar cuenta de los diálogos de los actores y los elementos discursivos. Estos tres elementos, además de ser los componentes principales del producto audiovisual, también son los condicionantes del proceso traductológico y habrán de tenerse en cuenta para lograr un resultado satisfactorio. Díaz-Cintas también postula que todo programa audiovisual articula dos códigos, la imagen y el sonido. Estos dos elementos han de estar perfectamente sincronizados en espacio y tiempo con el subtítulo.

Según la práctica habitual, el subtítulo debe aparecer en pantalla al inicio de la intervención del personaje correspondiente y, siempre que sea posible, debe desaparecer al concluir esta. Como es lógico, no siempre es posible sincronizar la palabra y el subtítulo completamente debido a las distintas velocidades del proceso de verbalización y lectura. Por este motivo, el subtitulador tendrá que recurrir con frecuencia a la condensación y eliminación de contenidos para no superar el número máximo de caracteres por segundo, y también para no sobrecargar a la audiencia con textos excesivos, que dispersarán su atención y afectarán a su percepción del producto audiovisual.

La imagen tiene también una gran influencia en la labor del subtitulador, por varios factores. En ocasiones puede ocurrir que la intervención del personaje vaya acompañada de una referencia deíctica o verbal a algún elemento que aparezca en la escena. Esta recurrencia semiótica condicionará no solo la traducción del texto, sino también el subtítulo, ya que en caso de producirse una omisión o variación significativa del texto original, podría causar extrañeza en el espectador. También habrá que tener en cuenta que, en la medida de lo posible, la entrada y salida de los letreros deberán respetar los cambios de plano.

2. **TRADUCCIÓN PARA LA SUBTITULACIÓN DE NORTHANGER ABBEY Y ANÁLISIS COMPARATIVO CON LA TRADUCCIÓN PARA EL DOBLAJE**

En este apartado analizaremos algunos ejemplos de la subtitulación en castellano de *Norhanger Abbey*. Con la finalidad de realizar un estudio comparativo con la traducción para el doblaje, ya comentada con anterioridad, nos centraremos en los mismos fragmentos que se estudiaron en el anterior capítulo. De este modo, no nos limitaremos tan solo a comentar las técnicas utilizadas por el subtitulador y los resultados obtenidos, sino que podremos contrastar el trabajo de dos traductores distintos sobre el mismo texto.

En esta ocasión, seguiremos el orden cronológico del guion cinematográfico. A la hora de comparar los textos, nos referiremos al guion en inglés como TO, a la traducción para el doblaje como TD y a la traducción para la subtitulación como TS.

Ejemplo 1

TCR: 00.00.56

Guión original	Doblaje	Subtitulado
A family of ten children, of course, will always be called a fine family, **where there are heads and arms and legs enough for the number**	Una familia con diez hijos, siempre será considerada una familia distinguida, por supuesto	Una familia con diez hijos, por supuesto, siempre sería considerada agradable, **donde a ninguno le faltaba la cabeza, ni brazos o piernas.**

Comentario: mientras que en la TD se ha omitido la parte resaltada del TO, en la TS sí que se ha traducido. El problema es que se da la impresión de que el traductor no ha captado correctamente el sentido de esa frase y, al traducirla casi literalmente, el resultado puede resultar ininteligible para la mayoría del público.

Este es un ejemplo claro de las dificultades de traducir el lenguaje de Jane Austen cuando esta autora hace uso de su forma peculiar de expresarse a través de comentarios irónicos.

Aunque la técnica de omisión de la TD es válida, y quizás mejor que traducirlo erróneamente, como en la TS, nos parece que se podría haber buscado una solución que, aunque probablemente, resultara algo extraña a la audiencia —como ocurre con el TO—, transmitiera la ironía y el sentido de ese comentario.

Propuesta: *Una familia de diez hijos, claro está, será considerada una familia distinguida, siempre que haya cabezas, brazos y piernas para todos.*

Ejemplo 2

TCR: 00.01.06

Guión original	Doblaje	Subtitulado
But the Morlands were, in general, very plain, and Catherine, for many years of her life, **as plain as any.**	Pero los Morland, por lo general, eran sencillos, y Catherine, durante muchos años de su vida, **más sencilla que nadie.**	Pero los Morland eran, en general, muy sencillos. Y Catherine, durante muchos años, fue **tan sencilla como el que más.**

Comentario: las dos traducciones resultan válidas, pero la TS es más cercana al TO y al no resultar extraña en la LM, nos parece que es más acertada que la TD.

Ejemplo 3

TCR: 00.01.24

Guión original	Doblaje	Subtitulado
But by the age of 15, appearances were mending. Catherine Morland **was in training for a heroine**	Pero cuando cumplió quince años las apariencias cambiaron. Catherine Morland **ya estaba en camino de ser una heroína.**	Pero con quince años las cosas cambian. Catherine Morland **se entrenaba para ser una heroína.**

Comentario: En este caso, la TS ha realizado un calco de la estructura del TO, dando lugar a una expresión que resulta ligeramente extraña en la LM, aunque se comprenda el sentido. Por este motivo, nos parece más acertada la TD que a través de una equivalencia ha creado un texto con el mismo sentido pero más natural en español.

Ejemplo 4

TCR: 00.01.35

Guión original	Doblaje	Subtitulado
You know, our Catherine **has turned out rather well.** (...) **She's quite a goodlooking girl.**	Cariño, mira, **hay que ver cómo está cambiando** nuestra Catherine. (...) **Es una muchacha de buen ver.**	**Mira cómo ha crecido** nuestra Catherine. (...) **Es bastante bonita**

Comentario: respecto a la primera frase, podemos decir que en las dos traducciones se pierde el matiz de mejoría que indica el «rather well» del TO. Aunque tanto por las imágenes que acompañan a estas palabras como por lo que se dice a continuación, puede sobreentenderse. En el caso de la TS vemos un claro ejemplo de condensación propio del subtitulado.

Ejemplo 5

TCR: 00.02.44

Guión original	Doblaje	Subtitulado
No, said Dr Malleson, no other place will do **so well for a gouty constitution** like Mr Allen's.	No, dijo el doctor Malleson. Ningún otro lugar le sentará tan bien **a la gota del** señor Allen.	No, el Dr. Malleson dice que es el **mejor lugar para alguien propenso a la gota** como el Sr. Allen.
No other place will **do so well for squandering** money.	Ningún otro **lugar le sentará tan mal** a mi bolsillo.	Ningún otro lugar **es tan bueno para derrochar** el dinero.

Comentario: las dos traducciones resultan válidas, pero la TS es más cercana al TO tanto por el punto de vista como por las estructuras sintácticas.

Ejemplo 6

TCR: 00.06.04

Guión original	Doblaje	Subtitulado
Resign yourself, Catherine. Shops must be visited. Money must be spent. Do you think you could bear it?	Resígnate, Catherine. Ya tendrás tiempo de visitar tiendas y de gastar dinero. ¿Podrás soportar la espera?	Resígnate, Catherine. Tendréis que ir de compras. Hay que gastar dinero. ¿Crees que podrás soportarlo?

Comentario: mientras que en la TD hubo un cambio de punto de vista que afectaba al significado de la última frase, en la TS se han transformado en activas las oraciones pasivas del TO, para que resulta más natural en español, pero sin variar el sentido, por lo que la última frase es mucho más fiel al TO.

Ejemplo 7

TCR: 00.08.57

Guión original	Doblaje	Subtitulado
(Isabella and her brother) I don't know. Mother and daughter, I'd guess.	(Murmullos)	(Sin subtitular)

Comentario: al ser una frase que apenas se escucha y que no es demasiado relevante, ambos traductores han optado por omitirla.

Ejemplo 8

TCR: 00.09.04

Guión original	Doblaje	Subtitulado
There are no tea things for us, and I think we are unwelcome here.	No nos sirven té y creo que no somos bienvenidas aquí.	No tenemos juego de té y creo que no somos bien recibidas.

Comentario: las dos traducciones son igualmente válidas, sin embargo, en esta ocasión el hecho de que la TS sea más cercana al TO no es una ventaja sino más bien todo lo contrario. Al ceñirse demasiado al TO el resultado suena poco natural en español.

Ejemplo 9

TCR: 00.09.11

Guión original	Doblaje	Subtitulado
I wish we had a large acquaintance here.	Ojalá tuviéramos más conocidos aquí, ¿no crees?	Ojalá tuviéramos muchos conocidos aquí.
I wish we had any.	A mí con uno me bastaría.	Me conformaría con uno.

Comentario: ambas traducciones son válidas, pero la TS tiene más sentido en el contexto en el que se sitúa la escena. Catherine y Mrs. Allen acaban de llegar a Bath y en su primera visita al *tea room* se sienten muy incómodas al no conocer a nadie. Por esta razón, parece más apropiado decir «muchos conocidos» en vez de «más conocidos», puesto que la realidad es que no tienen a ninguno.

Ejemplo 10

TCR: 00.09.58

Guión original	Doblaje	Subtitulado
Though it cost but nine shillings a yard.	Aunque no me ha costado más que nueve chelines la vara.	Me costó nueve chelines el metro.

Comentario: la TD es más acertada que la TS, tanto por la estructura gramatical como por la equivalencia. El término «yard» es equivalente a «vara» pero no a «metro».

Ejemplo 11

TCR: 00.10.42

Guión original	Doblaje	Subtitulado
How can you be so...?	¿Cómo puede ser tan...?	¿Cómo puede ser tan...?
Presumptuous? Indeed. Without so much as an introduction. You must allow me to make amends, Mrs Allen.	Presuntuoso. Así es. Sin más, que sirva de presentación. ¿Hacemos las paces, señora Allen?	Impertinente. Desde luego. Hablar tanto sin habernos presentado. Permítame que repare el daño, Sra. Allen.

Comentario: este es uno de los ejemplos que se clasificó como mal traducido en el apartado 3.4, ya que la TD ni reflejaba completamente lo dicho en el TO, ni resultaba natural en la LM. Sin embargo, la TS de este mismo fragmento es mucho más acertada y logra un resultado satisfactorio.

Ejemplo 12

TCR: 00.16.12

Guión original	Doblaje	Subtitulado
I did discover that Mr Tilney is a young man of very good family, and a clergyman to boot.	Bueno, ya me he enterado de que el señor Tilney es de buena familia. Y, además, es ministro de la iglesia.	Bien, he preguntado y he averiguado que el Sr. Tilney es el hijo de una buena familia. Y clérigo, por si fuera poco.

Comentario: aunque ambas traducciones reflejan con bastante fidelidad el TO, la TD suena más natural y se ajusta más a la extensión del TO. La TS es excesivamente exhaustiva. El traductor ha querido ser tan fiel al TO que ha confeccionado un texto más complejo de lo que resultaría natural.

Ejemplo 13

TCR: 00.18.19

Guión original	Doblaje	Subtitulado
How do you do, Miss Morland? I have so long wished to meet you. Your brother has spoken of you so affectionately.	¿Cómo está, señorita Morland? Tenía muchas ganas de conocerla. Su hermano me ha hablado mucho de usted.	¿Cómo está, Srta. Morland? Hace tanto que deseo conocerla. Su hermano habla de usted tan a menudo.

Comentario: en esta ocasión, la TD también resulta más natural que la TS. Es más sencillo imaginarse a una persona pronunciando el texto de la TD que el de la TS, que ha quedado algo artificial.

Ejemplo 14

TCR: 00.18.35

Guión original	Doblaje	Subtitulado
I wish I were you, just beginning to read Udolpho for the first time.	Me gustaría poder leer los Misterios de Udolfo contigo por primera vez.	Ojalá fuera usted. Leer Udolfo desde el principio por primera vez.

Comentario: la TS refleja con fidelidad el sentido del TO, aunque se podría mejorar la estructura para que resultara más natural. La TD, sin embargo, está mejor construida, pero se aleja del sentido original.

Ejemplo 15

TCR: 00.22.00

Guión original	Doblaje	Subtitulado
We were walking towards Edgar's Buildings.	En este momento nos dirigíamos hacia Edgar's.	Nos dirigíamos a Edgar's Buildings.
Were you? Damn it, we'll walk with you!	Bien, entonces iremos con ustedes.	¡Ah, sí! ¡Demonios, os acompañaremos!

Comentario: siguiendo su modo de proceder, el traductor que ha realizado los subtítulos se mantiene fiel al TO y no omite «buildings», como sí ocurre en la TD. También busca un equivalente para la interjección pronunciada por John Thorpe, lo que contribuye a la caracterización de dicho personaje.

Ejemplo 16

TCR: 00.23.05

Guión original	Doblaje	Subtitulado
Penny for your thoughts, Miss Morland?	¿En qué está pensando, señorita Morland?	Un penique por sus pensamientos.

Comentario: nos encontramos con un claro ejemplo de calco lingüístico en la TS. Habitualmente, esta práctica no da resultados satisfactorios y es preferible recurrir a una equivalencia o a uno paráfrasis, como se ha hecho en la TD. La expresión resultante en la TS, aunque es comprensible, suena poco natural en español.

Ejemplo 17

TCR: 00.25.32

Guión original	Doblaje	Subtitulado
She thinks it a waste of time when there are so many other things to do in town.	Cree que es una pérdida de tiempo con la de cosas que hay en la ciudad.	Cree que es perder el tiempo cuando hay tantas cosas que ver en la ciudad.
I can see that she might.	Sí, salta a la vista.	Ya veo.

Comentario: ambas traducciones son igualmente válidas tanto por su fidelidad al TO como por su estructura. En ambos casos se ha respetado la referencia al verbo *see*, aunque cada traductor ofrece una solución distinta.

Ejemplo 18

TCR: 00.26.27

Guión original	Doblaje	Subtitulado
I saw him **large as life,** on the Lansdown Road, with a smartlooking girl by his side.	Sí le he visto dirigirse **feliz** hacia la carretera de Lansdown, acompañado de una hermosa joven.	Sí, le vi girar por Lansdown Road llevando una chica elegante a su lado.

Comentario: en la TS encontramos una omisión, que es completamente justificable por la necesidad de condensar, propia de los subtítulos, pero que sorprende ya que es una variación en la dinámica seguida por este traductor.

Ejemplo 19

TCR: 00.27.23

Guión original	Doblaje	Subtitulado
Pleasant old gentleman.	Un viejo muy agradable.	Qué caballero tan encantador.
Mr Allen? Yes, and so good natured.	¿El señor Allen? Sí muy bueno.	¿El Sr. Allen? Sí, es un buen hombre.
And rich as Croesus, or so I hear.	Y **más rico que Croesus,** según he oído.	**Y rico como Creso,** o eso he oído.
I believe Mr Allen is very rich.	Sí, el señor Allen es bastante acaudalado.	Creo que el Sr. Allen es muy rico.

Comentario: nos parece más acertada la TS, ya que ha utilizado el equivalente acuñado del referente cultural, y también ha mantenido el punto de vista del TO.

Ejemplo 20

TCR: 00.27.50

Guión original	Doblaje	Subtitulado
There'll be hell to pay if I tried to stop him now!	Al diablo, ahora no puedo parar.	Si paramos aquí, será desastroso.
Please stop, Mr Thorpe!	Por favor, pare, señor Thorpe.	¡Pare!
It's too late.	Demasiado tarde.	Es demasiado tarde.
I'll get down! I will!	Me bajaré yo sola.	¡Pues bajaré!

Comentario: ambas traducciones son igualmente válidas y, aunque la TS es más fiel al TO, el texto de la TD cumple su misión y suena completamente natural.

Ejemplo 21

TCR: 00.29.55

Guión original	Doblaje	Subtitulado
Will you move your sheep? I need to turn.	¿Quiere apartar las ovejas? Vamos a dar la vuelta.	¡Mueve de una vez tus ovejas! ¡Tengo que dar la vuelta!
I'll take my bloody time!	**Y a mí qué me cuenta.**	**¡Está agotando mi paciencia!**

Comentario: en ambas traducciones se ha optado por una modulación con la finalidad de que el resultado suene más natural en la LM. Aunque ambas expresiones son comunes en español, la elección de la TS no parece demasiado propia de un pastor de ovejas enfadado.

Ejemplo 22

TCR: 00.34.01

Guión original	Doblaje	Subtitulado
Miss Catherine Morland, a very amiable girl, and very rich, too. **Ward of a Mr Allen, who made a fortune in trade.** And with noone to spend it on but her	La señorita Catherine Morland. Una chica afable y también muy rica. **Pupila del señor Allen, que tiene una fortuna** que gasta exclusivamente en ella.	La Srta. Catherine Morland, una muchacha afable y muy rica también. **Protegida de un tal Sr. Allen, que hizo fortuna en el comercio.** Y sin nadie que la gaste, excepto ella.

Comentario: ambas traducciones son fieles al sentido del TO y transmiten toda la información necesaria, pero la TS añade dos matices que se omiten en la TD. Por una parte, en la TS se habla de «un tal Sr. Allen» en vez de «del señor Allen». Y también se concreta el modo en el que este caballero obtuvo su fortuna.

Ejemplo 23

TCR: 00.35.18

Guión original	Doblaje	Subtitulado
What do you think, Catherine?	¿Qué opinas, Catherine?	¿Qué le parece, Catherine?
It's wonderful. It reminds me of the South of France. **The Languedoc,** you know?	Es precioso, me recuerda al sur de Francia**, la región del Languedoc**, ¿la conoces?	Es maravilloso. Me recuerda al sur de Francia. **El Languedoc.** ¿Lo conocen?

Comentario: en la TD se amplificó el texto aportando una ligera explicación de la que se carece en la TS, aunque el contexto tanto visual como narrativo puede ser suficiente para comprender el sentido de la frase.

Ejemplo 24

TCR: 00.35.28

Guión original	Doblaje	Subtitulado
Have you travelled much in France?	¿Has viajado mucho por Francia?	¿Ha viajado mucho por Francia?
No. Not at all, I've never been there. **But I've seen pictures.**	No. Lo cierto es que nunca he estado allí, **pero he visto fotos.**	Ni mucho menos. Nunca he estado allí. **Pero he visto imágenes.**

Comentario: en la TS no se ha caído en el anacronismo que se cometió en la TD. El traductor que ha realizado los subtítulos ha elegido la palabra imágenes en vez de fotos. Aunque esta elección es válida, quizás lo más apropiado hubiera sido decir dibujos o cuadros, ya que la expresión «imágenes» no es demasiado habitual a la hora de hablar de estos elementos en una conversación.

Ejemplo 25

TCR: 00.40.53

Guión original	Doblaje	Subtitulado
Did you ever hear the **old song**, "going to one wedding brings on another"? Perhaps you and I might try the truth of that?	Ha oído el **viejo dicho** de «una boda trae otra». Quizás usted y yo podamos hacerlo realidad.	¿Ha escuchado **la canción** «Una boda lleva a otra»? Quizás usted y yo podamos dar crédito a esas palabras.

Comentario: ambas soluciones son igualmente válidas, aunque la TS es más cercana al original que la TD.

Ejemplo 26

TCR: 00.41.03

Guión original	Doblaje	Subtitulado
I shall think of you, when I'm in town!	Pensaré en usted durante el viaje	Pensaré en usted mientras me halle en la ciudad.

Comentario: ambas soluciones son igualmente válidas, aunque la TS es más cercana al original que la TD.

Ejemplo 27

TCR: 00.42.14

Guión original	Doblaje	Subtitulado
I dare say Charles Hodge will plague me to death about it. But I shall cut him very short, I can tell you.	Sé que Charles Hodge me perseguirá hasta la muerte, pero me libraré te lo aseguro.	Seguro que Charles Hodges me lo suplica, pero le cortaré rápidamente.

Comentario: la TD resulta mucho más natural que la TS, aunque ambas son comprensibles y reflejan el sentido del TO.

Ejemplo 28

TCR: 00.43.51

Guión original	Doblaje	Subtitulado
Well, I have always found that ignorance and prejudice hold no bar to forming the strongest of opinions.	Bueno, siempre he pensado que la ignorancia y los prejuicios no sirven para crear opiniones sólidas.	Siempre he creído que la ignorancia y los prejuicios no tienen valor para formar opiniones férreas.

Comentario: ambas soluciones son muy similares, aunque como se explicó en el punto 3.4, nos parece que no acaban de reflejar por completo el sentido del TO.

Ejemplo 29

TCR: 00.44.25

Guión original	Doblaje	Subtitulado
Good God, Henry. You're not going to stand up in that maul, are you?	Por Dios, Henry, no irás a bailar eso, ¿verdad?	¡Cielo Santo, Henry! No irás a bailar esa horrible pieza, ¿verdad?

Comentario: ambas soluciones son igualmente válidas, aunque la TS es más cercana al original que la TD.

Ejemplo 30

TCR: 00.44.28

Guión original	Doblaje	Subtitulado
I certainly am.	Decididamente sí.	Por supuesto que sí.

Comentario: ambas soluciones son igualmente válidas, aunque la TS suena más natural en español.

Ejemplo 31

TCR: 00.48.45

Guión original	Doblaje	Subtitulado
If we could only be married tomorrow, I would be happy to live on 50 a year.	Preferiría casarme mañana a cambio de vivir con 50 libras al año.	Si pudiéramos casarnos mañana, sería feliz con 50 libras al año.

Comentario: ambos traductores han optado por explicitar el texto.

Ejemplo 32

TCR: 00.50.17

Guión original	Doblaje	Subtitulado
What's the joke?	¿De qué os reís?	¿De qué os reís?

Comentario: ambos traductores han optado por la misma paráfrasis.

Ejemplo 33

TCR: 00.50.25

Guión original	Doblaje	Subtitulado
I love our walks. I think I should like to stay in Bath **forever** and go walking with you every day!	Me encantan estos paseos. Me gustaría quedarme en Bath para poder pasear con vosotros todos los días.	Me encantan esos paseos. Creo que nunca me cansaría de salir de paseo con ustedes todos los días.

Comentario: aunque la TS ha tenido en cuenta el adverbio «forever» del TO, modulándolo de forma negativa, el resultado de esta traducción suena poco natural, por lo que parece más apropiada la TD.

Ejemplo 34

TCR: 00.51.45

Guión original	Doblaje	Subtitulado
No need to be coy.	Pero qué tímida eres.	No hace falta que estés tan calladita.

Comentario: aunque ambas traducciones reflejan fielmente el sentido del TO, la TS resulta algo chocante al incluir una expresión excesivamente coloquial para el contexto y la época en la que se sitúa la escena.

Ejemplo 35

TCR: 00.52.23

Guión original	Doblaje	Subtitulado
Well, I dare say we should all be allowed a little harmless flirtation.	Bueno, pero yo diría que hubo cierto coqueteo entre los dos.	Bien, supongo que a todos deberían permitirnos flirtear inocentemente.

Comentario: la TS es más cercana al TO que la TD, y podría ser una buena solución de no ser por el «inocentemente» que cierra la frase de modo poco natural.

Ejemplo 36

TCR: 00.53.04

Guión original	Doblaje	Subtitulado
My spirit, you know, is pretty independent.	Con lo independiente que soy de espíritu.	Mi espíritu, ¿sabe?, es bastante independiente.
I wish your heart were independent. That would be enough for me.	Si fuera independiente de corazón, sería suficiente para mí.	Ojalá su corazón fuera independiente. Con eso me conformaría.
My heart? What can you have to do with hearts? None of you men have hearts.	¿De corazón? ¿Acaso le importan esas nimiedades? No creo que los hombres tengan corazón.	¿Mi corazón? ¿Qué sabe **usted** de corazones? **Vosotros,** los hombres, no tenéis corazones.

Comentario: ambas soluciones son igualmente válidas, aunque la TS es más cercana al original que la TD. Sin embargo, en la TS encontramos un error de registro al cambiar de usted a vosotros en la última frase.

Ejemplo 37

TCR: 00.53.35

Guión original	Doblaje	Subtitulado
And if I shouldn't see you, write and tell me all your news from Northanger.	Y si no te veo antes, escríbeme con noticias de tu viaje.	Si no nos vemos, has de contarme todo sobre la abadía de Northanger.

Comentario: ambas soluciones son igualmente válidas, aunque la TS es más cercana al original que la TD.

Ejemplo 38

TCR: 00.54.22

Guión original	Doblaje	Subtitulado
I'm sure Miss Morland won't keep you waiting, Father.	Estoy segura de que la señorita Morland no le hará esperar.	Seguro que la Srta. Morland no nos hará esperar, padre.

Comentario: ambas soluciones son igualmente válidas, aunque la TS es más cercana al original que la TD.

Ejemplo 39

TCR: 00.54.30

Guión original	Doblaje	Subtitulado
How grand! A chaise and four!	¡Qué maravilla! Con cuatro caballos.	Qué grande. Una calesa de cuatro caballos.

JANE AUSTEN A TRAVÉS DEL TIEMPO, LOS IDIOMAS Y LAS CULTURAS

Comentario: en la TS se produce un calco que da lugar a un error de traducción. El sentido de la expresión «How grand!» es el que hallamos en la TD y no «Qué grande», que parece referirse al tamaño del carruaje, en vez de al lujo y la majestuosidad de semejante despliegue.

Ejemplo 40

TCR: 00.54.47

Guión original	Doblaje	Subtitulado
These great folks don't like to be kept waiting.	A esos peces gordos no les gusta esperar.	No hay que hacer esperar a esas personas importantes.

Comentario: ambas soluciones son igualmente válidas, aunque la TS es más cercana al original que la TD y no recurre a una expresión idiomática que puede producir cierta extrañeza.

Ejemplo 41

TCR: 00.57.08

Guión original	Doblaje	Subtitulado
But if I were to say there is a kind of vampirism... No, let's just say that all houses have their secrets, and Northanger is no exception.	Pero si cree que aquí va a encontrar vampiros, le diré que no. Digamos que toda casa tiene sus secretos y Northanger no es una excepción.	Pero debo decir que hay una especie de vampirismo. Digamos que todas las casas tienen sus secretos, y que la abadía de Northanger no es ninguna excepción.

Comentario: como se vio en al apartado 3.4, la TD no es del todo correcta. La solución adoptada en la TS cuadra más con lo expresado en el TO.

Ejemplo 42

TCR: 01.04.11

Guión original	Doblaje	Subtitulado
Her death must have been a great affliction.	Su pérdida debió ser algo terrible.	Su muerte debió ser un duro golpe.
A great and increasing one.	La verdad es que sí.	Muy grande.

Comentario: ambas soluciones son igualmente válidas, aunque la TS es más cercana al original que la TD.

Ejemplo 43

TCR: 01.04.55

Guión original	Doblaje	Subtitulado
I should like to see her room, if you are willing to show me.	Me gustaría ver su habitación si eres tan amable de enseñármela.	Me gustaría ver su habitación si deseas enseñármela.
We never go there. It is my father's wish.	Nunca entramos, órdenes de mi padre.	Nunca entramos en ella, es el deseo de mi padre.
But to see her picture? Yes. Why should you not see it?	¿Ni para ver el retrato? No ¿Por qué no ibas a verlo?	Pero es para ver su retrato. Sí. ¿Por qué no deberías verlo?

Comentario: ambas soluciones son igualmente válidas, aunque la TS es más cercana al original que la TD al respetar la estructura afirmativa de la última frase.

Ejemplo 44

TCR: 01.09.23

Guión original	Doblaje	Subtitulado
A secret once explained loses all of its charms, and all of its danger, too.	Un secreto que una vez contado, pierde su encanto. Y es muy peligroso.	Una vez revelado un secreto pierde todo su encanto y naturaleza peligrosa.

Comentario: en la TS no encontramos el error de traducción existente en la TD.

Ejemplo 45

TCR: 01.09.33

Guión original	Doblaje	Subtitulado
Why don't you imagine the worst thing you can, and write your own Gothic romance about it?	¿Por qué no se imagina algo realmente terrible y escribe su propia novela gótica?	¿Por qué no se imagina la peor cosa que pueda y escribe su propio romance gótico al respecto?

Comentario: en esta ocasión nos parece más acertada la TD ya que se ha utilizado el término equivalente de «Gothic romance», en vez de traducirlo de un modo literal, como se ha hecho en la TS.

Ejemplo 46

TCR: 01.09.58

Guión original	Doblaje	Subtitulado
My brother Frederick is well enough, I think, **sowing his wild oats**, but soon he shall have to make an advantageous match.	Mi hermano Frederick está más o menos bien. **Sembrando su propia cosecha,** pero pronto tendrá que casarse.	Mi hermano **Frederick es bastante bueno, supongo, disfrutando el momento.** Pero pronto tendrá que hacer un casamiento ventajoso.

Comentario: ninguna de las dos soluciones transmite del todo lo que se expresa en el TO, aunque la TS es más cercana que la TD, ya que en la primera se ha creado una paráfrasis que explique más o menos la expresión idiomática del TO, mientras que en la TD se realizó un calco incomprensible en español.

Ejemplo 47

TCR: 01.10.10

Guión original	Doblaje	Subtitulado
He is a good friend of mine, but he is a lot more than that to my sister. But our father has refused to sanction the match. **Edward is only a second son.** And Eleanor must marry the heir to a rich estate.	Es un buen amigo mío, pero para mi hermana es algo más. En cambio mi padre no dio su consentimiento. **Edward es como otro hijo.** Y Eleanor tiene que casarse con el heredero de una fortuna.	Es amigo mío, pero es algo más para mi hermana. Pero nuestro padre se niega a autorizar esa unión. **Edward es solo el hijo pequeño,** y Eleanor ha de casarse con el heredero de una gran fortuna.

Comentario: nos parece más acertada la solución escogida en la TS, ya que facilita la comprensión del sentido de la frase original. A pesar de las diferencias culturales, es fácil que el público de la LM comprenda la naturaleza del problema al contraponer el hecho de ser el hijo pequeño con heredar una fortuna. La expresión «como otro hijo» de la TD es más difícil de comprender.

Ejemplo 48

TCR: 01.14.29

Guión original	Doblaje	Subtitulado
What sort of a fevered imagination must you have? **Perhaps, after all, it is possible to read too many novels.**	¿Qué tipo de imaginación tiene usted? **Claro quizás todo eso se debe a esa afición que tiene a leer tantas novelas**	¿Qué clase de febril imaginación tiene usted? **Quizás, después de todo, sí que es posible leer demasiadas novelas.**

Comentario: la TS es mucho más cercana al TO tanto por la estructura como por el sentido. La TD se separó del original sin que pareciera necesario realizar esas variaciones.

Ejemplo 49

TCR: 0.16.51

Guión original	Doblaje	Subtitulado
Dearest Catherine, beware how you give your heart.	Querida Catherine: desconfía de quien te robe el corazón.	Querida Catherine: ten cuidado donde entregas tu corazón.

Comentario: la TS ha intentado ser fiel al TO pero el resultado no es del todo satisfactorio, ya que la expresión utilizada sonará poco natural a los hablantes de la LM.

Ejemplo 50

TCR: 01.18.00

Guión original	Doblaje	Subtitulado
And... are we engaged? Make yourself decent, Miss Thorpe. I must return you to your friends before you're missed.	¿Entonces... estamos prometidos' No diga tonterías señorita y reúnase con sus amigos antes de que la echen en falta.	Entonces, ¿estamos prometidos? Vístase, señorita Thorpe. La devolveré con sus amigos antes de que la echen de menos.

Comentario: ambas soluciones son igualmente válidas, aunque la TS es más cercana al original que la TD.

Ejemplo 51

TCR: 01.18.50

Guión original	Doblaje	Subtitulado
(LETTER) «He is the only man I ever did or could love, and I know you will convince him of it.»	«James es el único hombre al que he querido y necesito que lo convenzas de ello.»	«Es el único hombre que he amado y podré amar, y sé que tú podrás convencerle de ello».
I most certainly shan 't!	¿Pero qué se ha creído?	Por supuesto que no lo haré.

Comentario: ambas soluciones son igualmente válidas, aunque la TS es más cercana al original que la TD.

Ejemplo 52

TCR: 01.21.45

Guión original	Doblaje	Subtitulado
I deserve to be sent home in disgrace	Me merezco este castigo.	Me merezco ser enviada a casa en la ignominia.

Comentario: el resultado de la TS, aunque es más cercano al TO que el de la TD, resulta forzado. Se trata de una expresión excesivamente formal para ser pronunciada por una joven de dieciocho años en unas circunstancias tan traumáticas como las que está viviendo en esos momentos Catherine Morland.

Ejemplo 53

TCR: 01.21.48

Guión original	Doblaje	Subtitulado
I know my father's reasons and they do him no credit.	No has dado motivo alguno que justifique esta decisión.	Conozco los motivos de mi padre y no le doy crédito.

Comentario: en la TS encontramos un calco que ha dado lugar a un error de traducción. La expresión «they do him no credit» se utiliza en el TO para juzgar negativamente la actitud del general Tilney, y en la TS se ha traducido por «no le doy crédito» que ni tiene el mismo sentido, ni es una traducción correcta del TO. Aunque la TD se distancia un poco del original, el resultado es más cercano que el de la TS.

Ejemplo 54

TCR: 01.24.32

Guión original	Doblaje	Subtitulado
Well, we must live and learn.	De la experiencia se aprende.	Bien, debemos vivir y aprender.

Comentario: en la TD se ha buscado con éxito una equivalencia para la expresión idiomática del TO, mientras que en la TS se ha traducido literalmente de modo que, aunque el resultado es comprensible para el público, pierde eficacia y naturalidad.

Ejemplo 55

TCR: 01.24.39

Guión original	Doblaje	Subtitulado
No friend can be better worth keeping than Eleanor. And Mr Tilney is not to blame.	Ningún amigo será mejor que Eleanor, y el señor Tilney tampoco es malo.	Ninguna amiga puede ser mejor que Eleanor. Y no hay que culpar al Sr. Tilney.

Comentario: tal y como se comentó en el punto 3.4, la TD se ha apartado innecesariamente del TO, dando lugar a un texto empobrecido. Sin embargo, la TS ha logrado traducir con éxito el TO, manteniendo el sentido completo con estructuras naturales de la LM.

Ejemplo 56

TCR: 01.26.10

Guión original	Doblaje	Subtitulado
What games did you play?	Por ejemplo a qué jugabas.	¿A qué juegos jugaste?
We played I Spy and charades.	**Jugábamos a juegos de adivinanzas.**	**Jugamos al veo-veo y a charadas.**

Comentario: en este ejemplo vemos dos soluciones distintas pero igualmente válidas para solucionar el problema creado por las referencias culturales del TO. En la TD se ha optado por una perífrasis explicativa, aunque con cierta pérdida de información. En la TS se ha buscado una equivalencia para el primer juego y se ha traducido el segundo. Aunque la palabra elegida es correcta, el término «charada» no está demasiado extendido en la LM:

Ejemplo 57

TCR: 01.27.46

Guión original	Doblaje	Subtitulado
(NIÑO LEYENDO UN LIBRO INFANTIL) Ten... men ran to the fen ...to get Ben!	Vienen... Se van... a la busca de Ben.	Diez hombres corrían por el pantano para recoger a Ben.

Comentario: en la TS encontramos una traducción literal del TO. Al tratarse del texto de un libro infantil, esta traducción no aporta nada a la historia. En la TD se ha optado por crear un texto más o menos equivalente. Lo cierto es que ninguna de las dos soluciones parece excesivamente acertada, ya que ambas han omitido la rima y las aliteraciones que son lo fundamental de ese texto infantil.

Ejemplo 58

TCR:01.28.49

Guión original	Doblaje	Subtitulado
He married her for her money, you see. She thought it was for love. It was a long time until she knew his heart was cold.	Se casó por dinero y ella pensó que era por amor. Pasó mucho tiempo hasta que ella se dio cuenta.	Se casó con ella por su dinero. Ella pensó que era por amor. Tardó en darse cuenta de que su corazón era frío.

Comentario: una vez más, al tratar de ser fiel al TO, encontramos un texto poco natural en la TS. Aunque es cierto que hallamos más información que en la TD, el uso de estructuras poco propias del castellano obstaculiza la inmersión en la historia por parte del público.

Ejemplo 59

TCR: 01.30.17

Guión original	Doblaje	Subtitulado
Hush, Lucy.	Lucy, por favor.	Silencio.

Comentario: ambas soluciones son igualmente válidas.

Ejemplo 60

TCR: 01.30.43

Guión original	Doblaje	Subtitulado
I thought you were so angry with me you told him what you knew, which would have justified any discourtesy.	Pensaba que estaba usted tan enfadado que se lo contó. Lo que ya sabe. Y eso justificó toda descortesía.	Pensaba que usted estaba tan enfadado conmigo que le contó lo que sabía. Lo que justificaba cualquier descortesía.

Comentario: La TS es más cercana al sentido de la TO. Se ha traducido correctamente «what you knew», cosa que no ha ocurrido en la TD.

Ejemplo 61

TCR: 01.30.49

Guión original	Doblaje	Subtitulado
No, the discourtesy was all his.	No, no tiene justificación posible.	¡No! El único descortés fue él.

Comentario: ambas soluciones son igualmente válidas, aunque la TS es más cercana al original que la TD.

Ejemplo 62

TCR: 01.31.32

Guión original	Doblaje	Subtitulado
To begin perfect happiness at the respective ages of 26 and 18 is to do pretty well.	Al fin y al cabo, no es tan terrible empezar a ser completamente feliz a las edades de 26 y 18 años.	Empezar a ser felices con 26 y 18 años, respectivamente, no está nada mal.

Comentario: ambas soluciones son igualmente válidas, aunque la TS es más cercana al original que la TD.

3. Conclusión

A través de los ejemplos ofrecidos en el anterior apartado, hemos podido comprobar cómo el traductor que ha realizado los subtítulos se ha marcado como algo prioritario la fidelidad al TO, no solo en el sentido, sino también en la cantidad de información y en las estructuras. Como se ha repetido a lo largo de estas líneas, esta fidelidad no siempre es posible o, al menos, tiene algunas consecuencias que pueden desaconsejarla, como es la creación de calcos que resultan poco naturales en la LM. Otro de los inconvenientes que presenta esta fidelidad es la extensión del texto traducido, que en ocasiones es excesiva si se tiene en cuenta que se ofrecerá al público en forma de subtítulos. De hecho, llama la atención que, en la mayoría de los casos, la TS sea más larga que la TD, cuando lo lógico sería que fuera al revés.

A pesar de estos inconvenientes, y como ha quedado demostrado en el análisis comparativo, en la TS hemos visto soluciones apropiadas para algunos problemas mal resueltos en la TD, precisamente por el interés del traductor de mantenerse fiel al TO.

Capítulo 5
Análisis de la adaptación cultural y temporal de la novela *Emma* a la webserie *Emma Approved*

1. INTRODUCCIÓN

La relación entre el cine y la literatura se remonta casi a los inicios del séptimo arte. Miles de historias y personajes han pasado del papel a la pantalla en los más de cien años de la historia del cine (Sánchez-Noriega, 2019). En las últimas décadas, con el desarrollo de los medios técnicos y la aparición de nuevas plataformas han surgido nuevos géneros y formatos audiovisuales, que han conllevado acercamientos diferentes a la narrativa audiovisual y, por lo tanto, nuevas lecturas y perspectivas de la adaptación de obras literarias (Freitas y Castro, 2010).

Junto con los cambios en la tecnología, y en parte debido a ellos, han tenido lugar diferentes cambios en la sociedad y en nuestra relación con el cine y la literatura. Estos cambios también han propiciado el nacimiento de nuevos géneros y formatos que pretenden satisfacer los intereses y expectativas de una nueva audiencia en continuo proceso de evolución (Valdés et al., 2017).

En este capítulo, ofreceremos el análisis de un ejemplo concreto de la evolución de la narrativa audiovisual y de la adaptación cinematográfica de obras literarias. La obra que hemos seleccionada es la novela *Emma* (Austen, 2013) de la escritora británica Jane Austen, publicada a finales de 1815. Aunque existen diversas adaptaciones de dicha novela, el caso de estudio para este trabajo es la serie de YouTube titulada *Emma Approved*, que se emitió entre 2013 y 2014.

Los objetivos de nuestro análisis son identificar las variaciones introducidas durante el proceso de adaptación, estudiar las razones que justifican dichos cambios, evaluar los resultados de dichas variaciones y comparar los efectos de la novela y de la serie en sus respectivas audiencias. Antes de proceder a nuestro análisis, ofreceremos algunos apartados que permitan comprender con más detalle el estudio realizado.

2. UNA HEROÍNA QUE NO LE VA A GUSTAR A NADIE EXCEPTO A MÍ

Emma fue publicada a finales de 1815, sin embargo, la fecha oficial de publicación anunciada en los periódicos de la época es 1816, ya que de ese modo se evitaba un envejecimiento prematuro de la novela que pudiera perjudicar su publicidad entre aquellas personas que buscaran las últimas novedades editoriales.

Según James Edward Austen-Leigh (2002), sobrino y primer biógrafo de Jane Austen, esta autora «le tenía mucho cariño a Emma, pero no contaba con que fuera una favorita general; porque, al comenzar ese trabajo, dijo: 'Voy a escribir sobre una heroína que no le va a gustar a nadie, excepto a mí'» (119). La conjetura de Austen no fue infundada, ya que se puede verificar escuchando a algunos de sus lectores o leyendo varias reseñas y comentarios sobre la protagonista de Emma, que el narrador describe como manipuladora, egocéntrica, esnob, terca e inconstante. El hecho de que el nombre de la heroína sea el título de la novela sugiere que ella también es el centro de la trama. De hecho, Emma podría catalogarse como una bildungsroman, es decir, una novela de crecimiento, que trata sobre la educación y evolución de los personajes.

Actualmente, existen al menos ocho adaptaciones cinematográficas de Emma, desde la película de 1948, dirigida por Michael Barry hasta el largometraje de 2020, dirigido por Autumn de Wilde y protagonizado por Anya Taylor-Joy. Estas adaptaciones son las «ortodoxas», pero también habría que añadir otras adaptaciones flexibles como Clueless (1995) y Aisha (2010). Un análisis exhaustivo de todas estas relecturas audiovisuales de Austen sería un tema interesante para futuras investigaciones, pero en este estudio nos centraremos en la web serie de YouTube Emma Approved.

3. EMMA APPROVED

Emma Approved (en adelante, EA) es una serie web multiplataforma estadounidense, producida por Pemberley Digital. Tras el éxito de The Lizzie Bennet Diaries, adaptación en serie web de Orgullo y prejuicio, la compañía lanzó EA, que se emitió dos veces por semana en su canal de YouTube, desde octubre de 2013 hasta agosto de 2014, emitiendo 72 episodios de 5 a 7 minutos de duración, que alcanzaron los 3 millones de espectadores a lo largo de este período de tiempo.

EA muestra claramente la vigencia de la obra de Jane Austen, que es posible adaptar a nuevos contextos culturales y audiovisuales con éxito. Esta serie permitió la interacción de la audiencia a través de una experiencia multiplataforma del mismo modo que había ocurrido con otras producciones de Pemberley Digital, aunque en el caso de EA se alcanzaron nuevos niveles de interacción transmedia, hasta el punto de difuminar los límites entre la ficción y la realidad. Los personajes principales de EA gestionaron redes sociales y páginas web. Por ejemplo, Harriet coordinó un club musical online en el que la audiencia podía participar siguiendo la sugerencia de la señora Elton en la novela. Emma administró un blog de consejos y otro sobre moda, además de sus cuentas en Pinterest, Facebook, Instagram y otras redes. De hecho, durante las primeras semanas de emisión de la serie, los personajes ficticios tuvieron cuentas de Twitter e interactuaron entre ellos y con el público. Los acontecimientos y lugares que se citan en la serie contaron con su página web, como el restaurante Boxx, en el que se desarrolla una escena equivalente a lo acontecido en Box Hill en la novela.

EA es también una manifestación evidente del interés suscitado durante los últimos años por convertir la obra de Austen en una fuente de ingresos económicos. Según Troost y Greenfield (2001), la BBC y otras cadenas de televisión descubrieron las oportunidades comerciales de la tradición británica tanto en el mercado nacional como en el internacional. De este modo, la obra de Austen ha servido tanto para la creación de obras de prestigio, como la premiada adaptación cinematográfica *Sentido y sensibilidad* (1995), como para una ingente producción de *merchandising*, que han convertido a Austen en una marca de éxito cuya producción está dirigida a una amplia audiencia mayoritariamente femenina (Troost & Greenfield, 2016). Este fenómeno, que ha sido etiquetado como «Austenmanía» (Pucci & Thompson, 2012), se ha instaurado con fuerza en la sociedad actual y ha aumentado la fama de la autora, aunque quizá no tanto el conocimiento de su obra original. Por lo tanto, se puede afirmar que la sucesión ininterrumpida de adaptaciones audiovisuales de las obras de Austen pone de manifiesto el placer y la pasión que los lectores experimentan con sus historias, pero también contribuye a la expansión de una marca globalizada a la que se le extrae un alto rendimiento económico (Svensson, 2013).

En el caso de *EA*, el afán por monetizar el interés por Austen es evidente e inmediato, puesto que la serie en sí misma actúa como un escaparate de productos de moda. La indumentaria utilizada por los personajes está a la venta en las distintas plataformas vinculadas al programa. El público puede comprar los zapatos de Harriet, las blusas, bolsos y vestidos de Emma, etc. En esta serie, el personaje de Emma se erige en una gurú de la felicidad y de la moda a través de sus espacios digitales.

4. ANÁLISIS DEL PROCESO DE ADAPTACIÓN AUDIOVISUAL

4.1. Emma cruza el Atlántico

A pesar de las diferencias contextuales entre la novela y la serie, lo cierto es que la mayor parte del argumento de EA sigue con bastante fidelidad la historia original. Emma se asigna el papel de casamentera, se equivoca al juzgar las actitudes de las personas, actúa con una seguridad muchas veces infundada, manipula a Harriet, se deja llevar por la envidia, es cruel e injusta en ocasiones, etc. Los acontecimientos y los personajes están actualizados con un elenco de actores multicultural. Emma Woodhouse es una joven emprendedora que dirige la empresa de eventos, bienestar y búsqueda de pareja perteneciente al gurpo Highbury Partners Lifestyle, propiedad de su padre.

El primer evento coordinado por Emma del que la audiencia tiene noticia es la boda de su amiga Annie Taylor con el señor Weston, un exitoso empresario socio del señor Woodhouse. Emma no solo contribuye a crear el enlace entre la futura pareja, sino que, además, dedica una gran cantidad de tiempo y esfuerzo para evitar que su amiga Annie cancele la boda. La serie, como se verá más adelante, incluye y adapta al siglo XXI a los personajes principales de la novela, del mismo modo ocurre con los lugares y las tramas. Por ejemplo, Box Hill es sustituido por un restaurante de moda llamado Boxx, situado en «The Hills». Jane Fairfax mantiene en secreto su relación con Frank Churchill porque quiere forjar su carrera profesional por sus propios méritos y no convertirse en la novia de un empresario adinerado. Emma y Alex Knightley están preocupados porque el señor Woodhouse no aprueba el nacimiento de romances en el puesto de trabajo. Se puede apreciar también la actualización del argumento de la novela en el hecho de que el matrimonio esté presente en la historia porque la empresa de Emma organiza este tipo de eventos, pero no como un objetivo de las tramas. Ser novios es suficiente para los personajes principales.

También se detecta el esfuerzo de los guionistas para mantener elementos de la trama original y de los diálogos de la novela, aunque se modernizan todo lo posible. Por ejemplo, el regalo secreto a Jane Fairfax no es un piano, sino un portátil de la marca Apple y Emma cotillea sobre este regalo con Frank Churchill que aparece por la oficina porque la compañía de Emma organiza un evento de recogida de fondos para la ONG humanitaria de Frank. La conversación entre ambos personajes es muy similar a la de la novela, aunque convenientemente adaptada al contexto actual, y Emma no solo imagina un posible romance entre Jane y el señor Dixon, sino que, en la serie, rastrea el Twitter de Jane para encontrar alguna evidencia que confirme sus sospechas (Troost y Greenfield, 2016).

La trama de *EA* está repleta de eventos sociales, a diferencia de la vida tranquila y sosegada de la que disfrutan los personajes de *Emma*. Esta actividad frenética aumenta la ansiedad de la protagonista hasta llevarla al punto crítico en el que ignora a su amiga Annie Taylor durante la fiesta que le ha organizado por el futuro nacimiento de su bebé e insulta a Mady Bates en la apertura del restaurante Boxx. El exceso de trabajo y responsabilidad desbordan la capacidad de Emma que está tan ocupada asegurándose de que todo el mundo lo pasa bien que es incapaz de divertirse (Troost y Greenfield, 2016). Alex Knightley reprende a Emma por haber puesto la reputación de su compañía por encima de los sentimientos de Maddy Bates y dimite. Este golpe es demasiado duro para Emma, a la que Harriet encuentra deprimida en la oficina, sin maquillaje, vestida de manera excesivamente sencilla para su modo de ser y atiborrándose de helado. Sin embargo, con la ayuda de Harriet, Emma es capaz de superar esa situación, se disculpa con aquellos a los que ha ofendido y vuelve al trabajo.

Las tramas románticas siguen las directrices de la historia original de manera que todo acaba bien para los protagonistas principales y Emma termina la serie siendo más consciente de sus errores y del daño que puede provocar a los que la rodean cuando actúa según su criterio sin escuchar las recomendaciones de las que la conocen y la estiman.

4.2. Emma Woodhouse: guapa, inteligente e *influencer*

En este apartado recogeremos de manera ordenada las principales variaciones sobre el argumento original de la novela *Emma* que se han introducido en la webserie *EA*

El cambio principal, del que se derivan la mayoría de las diferencias entre ambas obras, radica en la variación espaciotemporal. *EA* traslada la trama de *Emma* del Highbury del siglo xix, un pueblo ficticio en el sur de Inglaterra, a la California del siglo xxi. O, en otras palabras, desde las «tres o cuatro familias en un pueblo rural» (Austen, 2011) que Austen recomendó a su sobrina Anna en una carta de septiembre de 1814, hasta varias personas en un entorno de oficina, donde la joven entrenadora de estilo de vida Emma Woodhouse usa su cámara web para documentar sus intentos de mejorar la vida. de quienes la rodean, en sus esfuerzos por convertirse en la nueva (y mejor) Oprah Winfrey.

Tal y como se dijo con anterioridad, cabe destacar que la mayoría de los personajes principales de *Emma* son trasplantados y adaptados al nuevo escenario. La única excepción es el Sr. Woodhouse, que es mencionado en varias ocasiones, pero no llega a aparecer. A continuación, ofrecemos una breve descripción de los protagonistas de *EA*:

— Emma Woodhouse (Joanna Sotomura) es una entrenadora de estilo de vida, planificadora de eventos y casamentera ambiciosa y segura de sí misma. A pesar de su buena voluntad, suele estar reñida con las necesidades de los demás, pero es cariñosa, entusiasta y decidida a mejorar la vida de todos.

— Alex Knightley (Brent Bailey) es el socio comercial de Emma y director financiero de Emma Approved Ltd. Es extremadamente paciente con Emma y siempre trata de hacerla entrar en razón.

— Harriet Smith (Dayeanne Hutton) es la nueva asistente de Emma. Es bondadosa, atenta, tranquila e insegura. Admira a Emma y espera ser una experta en estilo de vida como ella.

— Bobby Martin (James Brent) es el técnico en informática. Atento, educado y enamorado de Harriet, pero no a la altura de Emma, que lo considera un joven simpático pero demasiado sencillo.

— Frank Churchill (Stephen Chang) es un exitoso empresario que viaja constantemente por todo el mundo por negocios. Es halagador y encantador, y parece tener una química natural con Emma.

— Jane Fairfax (Tyra Colar) es una vieja amiga de la familia de Emma. Es trabajadora y comprometida con causas sociales. Sus habilidades y su madurez ponen celosa a Emma.

— James Elton (Paul Stuart) es un senador de California que acude a Emma para que le busque pareja, aunque en realidad es ella la pareja que busca.

— Maddy Bates (Nikea Gamby-Turner) es la tía parlanchina de Jane Fairfax. Maddy hace mermeladas poco convencionales en su tiempo libre y nunca deja de hablar de Jane.

Otra de las diferencias relevantes de *EA* es que se dirige de manera especial al público joven. Esto se puede apreciar en el hecho de que se trata de una narración transmedia, es decir, un producto multiplataforma. La historia no se cuenta y desarrolla solo a través de los capítulos, sino también con videos adicionales en YouTube y diversos contenidos en otras plataformas digitales como son los blogs y las redes sociales (Instagram, Twitter y Facebook). De esta manera, los espectadores están constantemente conectados a la trama por medio de dosis informativas constantes y digeribles. Según Stephanie Russo (2018), este formato:

parece calculado para apelar a las percepciones sociales sobre las audiencias millennials: que las redes sociales han afectado la capacidad de los jóvenes para prestar atención sostenida a textos extensos y que la comunicación debe reducirse a fragmentos de contenido más extenso. corto para que estas audiencias participen. (p. 515)

Dentro del público joven al que se dirige EA, no hay duda de que los guionistas tienen en mente, de manera especial, a la audiencia femenina. Aunque las novelas de Austen no están dirigidas a un público específico y existen abundantes estudios sobre Austen publicados por investigadores masculinos, no se puede negar que, a día de hoy, la comunidad de seguidores de las obras de Austen en redes sociales es mayoritariamente femenina. Por esta razón, no es de extrañar que los creadores de EA se hayan dirigido especialmente a esta audiencia, que son sus potenciales clientes. Tal y como explica Russo (2018), debajo de cada video de YouTube hay enlaces para comprar las prendas de vestir y los accesorios de Emma o de los de los personajes femeninos secundarios, sin embargo, no suelen aparecer los enlaces para comprar la ropa o accesorios de los personajes masculinos y, cuando lo hacen, la serie se dirige claramente a una audiencia femenina implícita, que puede comprar o recomendar esos productos a clientes masculinos. En esta misma línea, se puede apreciar que el blog de Emma brinda consejos sobre temas tradicionalmente femeninos, como son el interés por vestirse apropiadamente para el trabajo o sobre cómo planificar una boda, que, además, y lo hace con una audiencia de capacidad económica media-alta en mente. (517)

Por lo tanto, *EA* se diferencia de la mayoría de las adaptaciones cinematográficas de las novelas de Austen, puesto que estas suelen dirigirse a una audiencia femenina en general, con un enfoque especial en las generaciones mayores que pueden sentir nostalgia cultural, mientras que los creadores de *EA* se centra en una audiencia femenina joven a la que se le brinda abundante contenido sobre relaciones amorosas, amistad femenina y moda. Además, al leer los consejos recogidos en el blog de Emma, llama la atención que, al hablar de moda, las sugerencias no se limitan a la ropa y a los complementos, sino que el modo de vestir se vincula con la personalidad y el éxito. Alcanzar los objetivos depende, según Emma, de hacer la elección correcta. De manera que la fantasía tradicional de algunas lectoras de convertirse en una heroína de Austen se traduciría en la serie *EA* en comprar el guardarropa de Emma.

Las sugerencias recogidas en las distintas plataformas de EA emulan, en cierta medida, el estilo de las páginas y libros de autoayuda, yendo, de este modo, un paso más allá de algunas producciones anteriores. Según Kaplan (2010) cuando Amanda, la protagonista de la serie *Lost in Austen* (2008), dice que *Orgullo y prejuicio* se ha convertido en una parte de su vida, está haciendo eco a los pensamientos de un grupo de lectoras pertenecientes a la Generación-Y, que están cansadas de la maldad y la rudeza y de que se las dé por descontado. Estas lectoras, al igual que Amanda, sienten nostalgia de los modales, la ropa, el lenguaje, los códigos de conducta y la cortesía austeniana. *Orgullo y prejuicio* se convierte, de este modo, en una especie de libro de cortesía para la Generación-Y, puesto que no es solo Amanda quien utiliza la novela como guía de valores de la vida, sino que existen muchas mujeres de diversas edades que sueñan con «caballeros» que las cortejen y que paguen la cena, incluso después de la primera cita.

Esa relectura de las novelas de Austen, que descubre en ellas, o les asigna, nuevos propósitos y funcionalidades también está presente en EA. Mientras que Orgullo y Prejuicio se consulta como un libro de cortesía, Emma se relee como un libro de autoayuda a través de la webserie y, principalmente, de las publicaciones del blog en el que la Emma del siglo xxi ofrece consejos y sugerencias sobre una amplia variedad de temas. Este papel de consejera de la protagonista de *EA* refleja la actitud de Emma en la novela tanto en su relación con Harriet como cuando discute obstinadamente con el Sr. Knightley. Sin embargo, tal y como saben los lectores, Emma se equivoca repetidas veces de todas las formas posibles. Por lo tanto, mientras que *Orgullo y prejuicio* podría realmente funcionar como un libro de cortesía, se podría decir que un libro de autoayuda escrito por una entrenadora de estilo de vida que no para de equivocarse no deja de ser una decisión irónica (Russo, 2018).

También puede parecer irónico el hecho de que Jane Austen esté completamente ausente en la webserie *EA*, puesto que no se puede encontrar ni una sola mención a ella o a sus novelas en ninguna de las plataformas a través de las que se desarrolla. Las razones que han justificado esta decisión son variadas. Por un lado, responde a la intención de impregnar todo el producto de una ilusión de realidad. Es decir, se supone que los videos que componen la serie son grabaciones reales de la sede de *EA*, y que el blog y las redes sociales son administrados por una entrenadora de estilo de vida real. Por otro lado, los creadores de *EA* parecen pensar que, si bien hay ciertos elementos en las novelas de Austen que todavía seducen a las nuevas generaciones, el mundo y la cultura que estas describen son distantes y poco atractivos para los espectadores jóvenes.

Los lectores adolescentes rara vez llegan a las adaptaciones como lectores consolidados de las novelas, como lo hacen la mayoría de los lectores adultos. De hecho, las adaptaciones de las obras de Austen orientadas al público joven demuestran simultáneamente la preocupación de la comunidad austenita por su propia supervivencia y el afán por intentar estrechar la brecha que separa los intereses de los adolescentes contemporáneos de las historias y los personajes de Austen. (Coldwell, 2014). *EA* se diferencia de la mayoría de las adaptaciones de Austen, por tanto, al dirigirse a una audiencia que podría no estar familiarizada con Austen en absoluto. A pesar de esta intencionalidad, no hace falta decir que los jóvenes austenitas se sentirán más atraídos por este producto que los «extranjeros».

Por último, mencionaremos que los límites sociales también se adaptan a los parámetros de la sociedad occidental del siglo xxi, en la que, a pesar de ser más flexibles y menos evidentes, siguen estando presentes. En nuestro mundo actual, los límites sociales están más conectados con la riqueza y la personalidad que con los apellidos o los títulos nobiliarios, por lo que en *EA* encontramos algunas variaciones sobre la historia original derivadas de este hecho. Por ejemplo, Alex Knightley no es rico, Harriet sigue siendo amiga de Emma después de su compromiso con Bobby Martin, y el Sr. Elton no es un clérigo, sino un ambicioso y adinerado senador. En este mismo sentido, la posición, la riqueza y la influencia de Emma no se manifiestan a través de casas, posesiones o rentas, sino a través de su guardarropa. Sus estilizados atuendos, su gusto por las cosas lujosas y su glamurosa apariencia la posicionan en un alto nivel social, a pesar, o tal vez precisamente por ello, de su desinterés por los temas financieros. El dinero es sólo un problema para aquellos que carecen de él.

5. RESULTADOS DEL PROCESO DE ADAPTACIÓN

En este último apartado ofreceremos algunos comentarios sobre los resultados del proceso de adaptación de EA. No es nuestra intención evaluar su calidad cinematográfica, sino reflexionar sobre las decisiones de los guionistas y sus consecuencias.

En primer lugar, consideramos que la transformación de Emma en entrenadora de estilo de vida es una idea inteligente y versátil, puesto que, por medio de esta elección, los creadores de *EA* justifican y legitiman la tendencia de Emma a entrometerse en la vida de otras personas, aunque habitualmente lo haga con poco acierto.

Las adaptaciones cinematográficas clásicas de las novelas de Austen suelen dar mayor realce a los romances y en la mayoría de los casos pasan por alto, o al menos reducen, la ironía. Sin embargo, no es infrecuente que las adaptaciones menos clásicas o incluso no convencionales reflejen mejor este aspecto del estilo de Austen. Este es el caso, por ejemplo, de *Clueless* (1995), *The Lizzie Bennet Diaries* (2012), y, en nuestra opinión, de *Emma Approved*. Aunque la ironía empleada en la webserie no se caracteriza por la elegancia y sutileza que encontramos en las novelas de Austen, este acercamiento poco ortodoxo a Emma replica, hasta cierto punto, su tono irónico.

Como decíamos en la introducción, Emma no es sólo la protagonista de su novela, sino también la temática central. En esta obra se muestra el viaje de la protagonista desde una situación de autoengaño hasta la autoconciencia. Emma no es la única heroína de Austen que pasa por un episodio de despertar, de hecho, esto es parte de la educación y crecimiento de las protagonistas que, como resultado de este viaje, llegan a ser mejores personas (Devlin, 1975). Elizabeth Bennet, Catherine Morland, Marianne Dashwood, etc. viven situaciones que les hacen darse cuenta de lo equivocadas que estaban. Pero, sin duda, Emma es de entre las heroínas de Austen, el paradigma del autoengaño y, en consecuencia, su despertar merece ser destacado. Este aspecto está muy presente en el argumento de EA, de manera que se puede afirmar que la trama principal se mantiene sin cambios.

La actualización al siglo XXI de *EA* tiene como consecuencia una variación en las reglas sociales que rompe la marcada estratificación clasista del siglo XIX. Estos cambios provocan que los personajes se muestren más abiertos y que se otorgue una mayor preeminencia al papel de la personalidad, los valores morales y la empatía frente a las costumbres basadas en reglas sociales y posición encontrada en las novelas o en adaptaciones clásicas. Lejos de diferir de la intencionalidad de Austen, esta variación la revela, ya que Austen no habla de sociedad sino de individuos en un contexto social. Por tanto, cada personaje es analizado por su comportamiento y sentimientos, y no según el rango social que ostenta (Jordán, 2017).

Ahora nos referiremos brevemente a los efectos de *Emma* y *EA* en sus respectivas audiencias. EA logra su objetivo de despertar los mismos sentimientos de amor y odio hacia Emma en sus espectadores que la novela en sus lectores. También mantiene el estilo sitcom, con el entretenimiento, la sorpresa, el desencuentro y el romance como ingredientes clave.

Los espectadores de *EA* no se sienten motivados a reflexionar sobre los roles y las reglas sociales como los lectores de Emma. La variedad de personajes de *EA* es más limitada y no están tan bien representados como en la novela. Tampoco se les lleva a reflexionar sobre la posición de la mujer, ya que el contexto de ambas historias es muy diferente. En *EA*, los personajes femeninos son independientes, poderosos y exitosos (incluso Harriet después de superar su inseguridad), por lo que se puede decir que los creadores de la serie han optado por eliminar el análisis social llevado a cabo por Austen en la novela al incluir mujeres de distintos estratos y con situaciones vitales muy diferentes que van desde ser una rica heredera como Emma hasta vivir de exiguas rentas sin esperanzas de mejora, como las Bates, pasando por casos como el de la señora Weston, antigua institutriz de Emma; Harriet, que subsiste gracias a la protección de un padre al que no conoce; o Jane Fairfax a la que el compromiso con Frank Churchill libera de tener que abandonar a su familia para ser la institutriz de una familia acomodada.

Por último, nos gustaría destacar la ausencia del Sr. Woodhouse y la escasa presencia de la Sra. Bates, adaptada como Maddy Bates. Ambos personajes son cruciales para entender la personalidad de Emma y una de las tramas principales de la historia. La naturaleza hipocondríaca del Sr. Woodhouse y su dependencia de Emma son sustanciales para notar la bondad y la paciencia de Emma. La señora Bates también es fundamental para comprender la personalidad de Emma, no solo por el incidente de Box Hill (o Boxx en la versión de *EA*), sino por el contraste permanente entre estos dos personajes en la novela (Jordán, 2018). Por lo tanto, debido a esta variación, la historia pierde profundidad y credibilidad y la Emma de *EA* es más superficial.

Capítulo 6
Adaptación de la novela *Pride and Prejudice* en la versión *mash-up Pride and Prejudice and Zombies*

1. Introducción

Las novelas de Jane Austen han servido de inspiración para un ingente número de obras literarias de diversa índole. Por una parte, podemos encontrar tanto precuelas como secuelas de estas novelas que intentan completar el argumento original con historias acontecidas anterior o posteriormente al tiempo narrativo de dichas obras. También se han publicado diversos *spin-offs*, es decir, libros que se centran en alguno de los personajes secundarios de las novelas originales, e historias paralelas, que en ocasiones transcurren durante el mismo tiempo narrativo de la novela original, pero que aportan una perspectiva diferente puesto que cuentan acontecimientos que no aparecen en dicha historia. A estas obras de un corte más o menos convencional, se le han de añadir aquellas que llevan las novelas de Austen a un plano diferente. Tal es el caso del género *mash-up* en el que en una historia realista se introducen elementos mitológicos, de fantasía o de ciencia ficción.

Actualmente existe una amplia lista de novelas *mash-up* basadas en las obras de Jane Austen tales como *Sense and Sensibility and Sea Monsters*, *Emma and the Vampires*, *Northanger Abbey and Angels and Dragons*, etc. Quizá la más popular de estas obras es *Pride and Prejudice and Zombies*, que fue llevada al cine en 2016. Como es lógico, este tipo de adaptaciones suscita cierta polémica entre algunos fans de Austen, que ven cómo una obra clásica, leída y admirada por millones de lectores, es transformada en un producto comercial, que algunos consideran estrafalario, y que, aparentemente, nada tiene que ver con la novela original.

No hay duda de que tanto la novela *Pride and Prejudice and Zombies* como su adaptación cinematográfica son el resultado de un profundo proceso de transformación de la novela original. Sin embargo, también es cierto que, en ocasiones, algunas relecturas poco convencionales de una obra son capaces de poner de manifiesto algunos temas principales del texto original con más eficacia que otros trabajos más ortodoxos. Por esta razón, en el presente capítulo, realizaremos un análisis del proceso de adaptación de la novela *Pride and Prejudice* (Austen, 2017), a la película *Pride and Prejudice and Zombies*.

2. EL PAPEL DE LOS ZOMBIS EN LA LITERATURA Y EN LA CULTURA POPULAR

En las últimas décadas, la presencia de los zombis en el imaginario popular ha aumentado significativamente. Existe un elevado número de novelas, películas y videojuegos de ciencia ficción relacionadas con el fenómeno zombi entre los que destacan títulos como la novela *I Am Legend* (Matheson, 1954), que fue llevada al cine en 2007, las películas de George A. Romero: *Night of the Living Dead* (1968), *Dawn of the Dead* (1978) y *Day of the Dead* (1985); la novela *World War Z* (Brooks, 2006) cuya adaptación cinematográfica fue protagonizada por Bradd Pitt en 2013; la serie *The Walking Dead*, que logró un gran éxito de audiencia entre el público de 18 a 49 años, o el videojuego *Resident Evil* (1996), que cuenta sus ventas por millones (Taylor, 2018).

Ante esta proliferación de narrativas vinculadas a la figura de los zombis, es natural preguntarse por los motivos del auge de unos seres con tan poco atractivo. Diversos estudios han abordado esta cuestión y han ofrecido posibles explicaciones para justificar el surgimiento del fenómeno zombi. Para Platts (2013), los zombis son objetos culturales que invitan a la reflexión sobre el lado oscuro de la existencia humana. De manera similar, Pippin (2011) sostiene que «los zombis surgen del Imperio, de las injusticias imperiales, las desigualdades económicas, la destrucción ambiental (nuclear, viral) y la desesperación por el futuro» (p. 40.2). Por otra parte, Dendle (2012) afirma que el reciente resurgimiento de las películas de zombis habla de una sociedad preocupada por la alienación, particularmente después del 11 de septiembre. Según Garrett (2017), los zombis proporcionan estudios de caso sobre las decisiones morales que toman los humanos cuando descubren que su mundo está sumido en una crisis.

Académicos como Joan Dayan (1991), Pippin (2011) y Jon Stratton (2011) sostienen que los zombis revelan una sensibilidad poscolonial, desenmascarando el poder del imperialismo. Para Pippin, estos ejércitos de muertos vivientes son una representación del capitalismo, un sistema multiplicador que consume vidas. Para Stratton, los zombis son pueblos desplazados, que desenmascaran la colonización y el colonialismo pasados y presentes tal como se experimentan en los estados no occidentales. Dayan, por su parte, opina que los zombis narran la historia de la colonización, la reducción de los seres humanos a objetos al servicio de los fines del capital. A pesar de sus análisis similares, cada uno de estos eruditos tiene un enfoque diferente de la escatología. Pippin mira hacia adelante y ve en los zombis una esperanza futura de que los imperios coloniales sean destruidos. Stratton y Dayan miran tanto al presente como al pasado y ven en los zombis un estado de muerte en vida que se refleja en la forma en que el proceso migratorio elimina los derechos humanos y multiplica las indignidades a las que es sometida una parte de la población mundial (Taylor, 2018).

Sin embargo, pese a esta lectura cultural ofrecida por algunos investigadores, el fenómeno zombi ha sido considerado por muchos académicos como un elemento de segunda categoría. Russell (2010), en un estudio sobre el origen de estas criaturas en el imaginario popular y la industria cultural, afirma que los vampiros y los hombres lobo exigen respeto, mientras que los zombis simplemente se arrastran en los márgenes del género cinematográfico de terror. Según Russell, un zombi es un cretino absoluto, un vampiro lobotomizado, y eso es lo que tiende a hacer que las películas de zombis sean poco más que vehículos de violencia explícita, llenos de personas que se empujan entre sí y ocasionalmente alimentándose unos de otros. Los zombis no piensan, seducen ni planifican; ni siquiera son esencialmente malos. Simplemente tienen hambre. Un zombi por sí solo no es tan amenazante, a pesar de su repulsividad, pero el gran problema es que se mueven en hordas y se lo comerán todo y a todos a su paso.

Sin la base de una herencia literaria que los respalde, como Drácula, el monstruo de Frankenstein o Mr. Hyde, los zombis se convierten, en palabras de Russell (2010, p.18), en un entrometido del siglo xx, cuya primera aparición real en el mundo anglo-sajón se remonta a la publicación del estudio de 1929 de William Seabrook sobre Haití llamado *La Isla Mágica*.

3. DESCUBRIENDO A AUSTEN MÁS ALLÁ DE SUS OBRAS

Durante las últimas décadas, el interés por las obras de Jane Austen ha crecido de manera exponencial dando lugar a un fenómeno de masas que ha recibido el nombre de «austenmanía». Este movimiento cultural ha propiciado la proliferación de fans ansiosos de leer sobre la vida y obra de Austen, independientemente de la autenticidad o mérito literario de algunas de las fuentes que consultan y, en consecuencia, se han multiplicado los productos literarios y audiovisuales destinados a este público (Baiesi, 2017). Las reescrituras de las obras de Austen cuentan con una larga tradición que va desde *El diario de Bridget Jones* de Helen Fielding (1996) a obras más recientes como *Austen Project* (2013-16), sin olvidar los *fanfiction* generados por la nutrida comunidad austenita disponibles en Internet. El éxito comercial de este tipo de adaptaciones pone de manifiesto los modos diversos en los que los valores vinculados a las obras de Austen son alterados de manera continua para satisfacer las demandas de la industria mediática (Guidotti, 2021).

Irónicamente, el afán de ofrecer nuevos productos ha provocado que las secuelas y reescrituras de las obras de Austen incorporen pasajes de exagerada sensibilidad e intenso dramatismo, del estilo de aquellos que fueron objeto de burla por parte de la misma Austen. Según Lynch (2007) la consecuencia es que estas obras suponen un regreso a la novela gótica y sentimental que Austen parodiaba. Curiosamente, esta desviación del estilo de Austen y de su intencionalidad ha afectado al modo en el que las obras de esta autora son percibidas a día de hoy por una parte de los lectores. Se realza la parte sentimental y romántica, mucho menos presente en las novelas originales que en los productos literarios y audiovisuales posteriores, y se difumina la ironía y la crítica social de estas obras. Por esta razón, se puede afirmar que al estudiar a Austen ya no basta con centrarse en sus novelas, sino que también se ha de tener en cuenta su popularidad y los efectos que las adaptaciones audiovisuales tienen en su imagen y en la percepción del público. El «fanon» (fan + canon) incorpora en las obras de Austen elementos que no estaban en los textos originales, pero que han quedado vinculadas al universo austeniano (Biajoli, 2017).

De entre las novelas de Austen, *Pride and Prejudice* es la que ha sido más veces objeto de adaptaciones y reescrituras, al ser considerada las más flexible y moderna de estas obras. Tanto la novela *Pride and Prejudice and Zombies* como su adaptación cinematográfica, pertenecientes al género *mash-up*, suponen la recontextualización de dos géneros en uno solo, incorporando por una parte los temas centrales de la novela gótica, con los miedos y sufrimientos femeninos entremezclados con deseos y pasiones prohibidas, y los de la novela sentimental con su ideal de imagen «romántica» de la vida y su sobrevaloración del amor erótico como clave de la felicidad femenina (Richardson, 2005, p. 399).

La literatura *mash-up* surge de una industria editorial con visión de futuro, capaz de imaginar nuevos formatos y de predecir su rentabilidad, de jóvenes escritores contemporáneos audaces, dispuestos a ofrecer su interpretación crítica de los clásicos y al mismo tiempo remodelarlos, y de una variada audiencia, acostumbrada a releer —y a veces a reescribir— la tradición, de acuerdo con las prácticas del circo mediático posmoderno y con el conjunto de herramientas de la cultura fan (Guidotti, 2021).

Son varias las obras de género *mash-up* que se han inspirado en los trabajos de Austen para sus creaciones. Algunos autores afirman que este hecho responde a algo inherente a las novelas de la escritora británica. Según Guidotti (2021), hay algo específico en el estilo magistral de Austen que fomenta reescrituras tan atrevidas, algo que hace que valga la pena correr el riesgo de cruzar descaradamente géneros. Los monstruos son admitidos porque, en la ficción de la Regencia de Austen, hay espacio para ellos, hay vacíos esperando ser llenados. Miller (2005, p.34) sostiene que el estilo de Austen es «el resultado de una selección, exclusión y reducción rigurosas», y Toner (2020, p.30) añade que esto «se observa con mayor frecuencia en sus omisiones y evasiones descriptivas de referencias sociohistóricas más amplias». La narrativa de Austen contiene pistas sobre cuestiones históricas cruciales que nunca se abordaron directamente.

4. DE NOVELA DE REGENCIA A BESTSELLER SOBRE ZOMBIES

Tras su publicación en 2009, la novela *Pride and Prejudice and Zombies* de Grahame-Smith pasó a ocupar el tercer puesto en la lista de títulos más vendidos del New York Times con un total de 700.000 ejemplares durante el primer año. Esta novela no solo mantiene intacta la tensión entre Elizabeth Bennet y el coronel Darcy sino que también incorpora muchas de las citas más populares de la historia original (Taylor, 2018).

Además del éxito editorial, esta novela también logró captar la atención de la comunidad académica, que realizó un análisis de las implicaciones culturales e históricas de dicha adaptación de la obra de Austen. Según Baiesi (2017), estas reescrituras modernas pueden leerse e interpretarse de varias maneras: como explotaciones estériles de una marca popular con fines de lucro —como parece ser el caso de la mayoría de los *spin-offs* de Austen—, o como fascinantes interpretaciones multimedia de novelas canónicas. De hecho, la adaptación de Grahame-Smith arroja luz sobre importantes paralelismos entre el mundo de Austen y el nuestro. Las nuevas revisiones de novelas antiguas pueden ofrecer modos de expresión para que las audiencias contemporáneas puedan hacer frente a las presiones de la sociedad moderna que, como la Inglaterra de la Regencia de Austen, a menudo es aterradora y misteriosa en lugar de estable y racional. De esta manera, el zombi personifica una crítica imperial de la propia modernidad.

Garrett (2017) afirma que la literatura zombi tiene un núcleo narrativo estable. Retrata un mundo en crisis como resultado de la proliferación de criaturas que intentan convertir a los humanos en seres espantosos como ellos, mientras un pequeño grupo de héroes, que incluye a las hermanas Bennet, resiste sus implacables ataques. Este escenario ofrece una forma novedosa de leer *Pride and Prejudice* no solo como una búsqueda del amor rompiendo las barreras sociales, sino también como una crítica de la forma en que el colonialismo proporcionó a unos pocos elegidos grandes recompensas económicas, derivadas de modelos económicos basados en la esclavitud y en el poderío militar (Taylor, 2018).

El argumento de Stratton (2011) a favor de una lectura poscolonial de la literatura zombi incluye un enfoque particular en *Pride and Prejudice and Zombies*. Stratton describe la riqueza arrebatada a las colonias que enriqueció la Inglaterra de Jane Austen. Los continuos bailes, juegos de cartas y la frecuente ociosidad tenían que ser financiados de alguna manera. Stratton sostiene que los invasores están motivados por las injusticias que les impuso el colonialismo británico. Señalando que Darcy llama a los zombis «salvajes» (Grahame-Smith, 2009, p. 31), Stratton sugiere que esta denominación podría referirse a su gusto por la carne humana, aunque también podría referirse a su identidad, ya que los zombis «tienen cierta similitud con los esclavos negros, considerados salvajes, que trabajaban en las plantaciones coloniales del Caribe que suministraban la riqueza que sustentó el estilo de vida de la nobleza» (2011, p. 273). Por tanto, para Stratton, el tropo zombi representa el movimiento de los desplazados de las colonias del Caribe a Inglaterra.

En esta misma línea, Baiesi (2017) afirma que la invasión de monstruos que propagan muerte y plagas representa metafóricamente la oscura historia de colonización y esclavitud del Imperio Británico. Surgiendo de una lectura poscolonial del original, estos zombis, como esclavos, llegan a Inglaterra desde las colonias para vengarse de sus sufrimientos. De hecho, los primeros relatos de zombis aparecieron en historias del siglo XVIII sobre las colonias azucareras de las Indias Occidentales, donde las degradadas condiciones de vida y de trabajo de los esclavos se asemejaban a una forma de muerte en vida. Significativamente, estos relatos aparecieron con mayor frecuencia durante momentos de tensión cultural y política en las colonias que dieron lugar a situaciones de violencia y brutalidad narrada por periódicos y reportajes de viajes. Tales eventos incluyeron numerosas rebeliones, la abolición de la trata de esclavos y posteriormente la emancipación e independencia.

5. DE LA NOVELA *PRIDE AND PREJUDICE* A LA PELÍCULA *PRIDE AND PREJUDICE AND ZOMBIES*

La novela *Pride and Prejudice and Zombies* de Grahame-Smith fue llevada al cine en 2016. Dicha película fue dirigida por Burr Steers y protagonizada por Lily James y Sam Riley. La recaudación en taquilla superó ligeramente los 16 millones de euros, una cifra que apenas supera la mitad del presupuesto de producción, por lo que se puede afirmar que no gozó del éxito esperado (www.elseptimoarte.com).

A pesar de las evidentes diferencias con la novela de Austen, esta adaptación ofrece una relectura que resulta de interés tanto académico como divulgativo, puesto que se combina un distanciamiento claro con una gran fidelidad al texto y al tono de la obra original. Para profundizar en esta relectura, en los próximos párrafos ofreceremos un análisis contrastivo de la película *Pride and Prejudice and Zombies* respecto a la novela *Pride and Prejudice*.

5.1. De la aguja de bordar a la espada

Como el mismo título indica, la variación principal de esta película respecto al texto original es la inclusión de los zombis y todo lo que este hecho implica. Por una parte, se muestran multitud de escenas más propias de una película de terror, aunque con tintes cómicos por lo exagerado y rocambolesco de algunas situaciones, que de una historia costumbrista ambientada en la época de la Regencia. Además, desde el principio de la película se pone de manifiesto que la amenaza zombi ha conllevado una mayor presencia del ejército y también que una parte de la población se ha especializado en el manejo de las armas.

Estos cambios se hacen presentes desde la primera escena, en la que se muestra al coronel Darcy cruzando a caballo un puente que está vigilado por soldados. Mientras tanto, la voz en *off* de Elizabeth Bennet afirma que «zes una verdad universalmente aceptada que un zombi en posesión de cerebros quiere más cerebros», ofreciendo de este modo una versión *ad hoc* del famoso párrafo inicial de *Pride and Prejudice*, según el cual «es una verdad universalmente aceptada que un hombre soltero que posea una gran fortuna necesita una esposa».

El tono bélico y de acción se mantiene durante los primeros minutos, puesto que el coronel Darcy visita Netherfield, durante una velada social organizada por sus inquilinos, para investigar la veracidad de una denuncia, según la cual, hay alguien infectado por una mordedura zombi entre los invitados. Una vez allí, Darcy libera algunas moscas de un frasco para comprobar sobre quién se posan, ya que las moscas detectan la carne muerta, es decir, ponen de manifiesto qué personas han sido infectadas, aunque todavía mantengan una apariencia normal, puesto que una persona que ha sufrido la mordedura de un zombi no sufre grandes variaciones en su aspecto hasta que se alimenta de un cerebro. Mientras juega a las cartas con algunos invitados, las moscas se posan sobre uno de ellos al que Darcy no duda en matar en el acto. A continuación, se muestra una escena en la que una joven se está alimentando de un cadáver y ataca a su hermana cuando esta entra en la habitación.

La presentación de la familia Bennet sigue la línea de lo anteriormente expuesto. Cuando la señora Bennet entra al salón para informar a su esposo de que Netherfield cuenta con nuevos inquilinos, sus hijas la escuchan sin abandonar sus tareas, que no consisten en bordar, pintar, leer o tocar algún instrumento musical, sino en poner a punto sus armas. De hecho, cuando la señora Bennet anuncia que el nuevo ocupante de Netherfield Park es un joven soltero con gran fortuna, la pregunta del señor Bennet es «¿cómo afecta esto a nuestras hijas guerreras?», a lo que sigue una discusión sobre la decisión del señor Bennet de haber enseñado a sus hijas las artes marciales chinas en vez de japonesas. Este tema volverá a aparecer más adelante en una conversación con las hermanas Bingley, que destacarán la relevancia social de las artes marciales japonesas, consideradas más refinadas y propias de las clases elevadas que las chinas.

Por lo tanto, podemos observar cómo, al realizar el proceso de adaptación de la novela original a la historia de género *mash-up*, se ha mantenido el tema de la diferencia entre las clases sociales, los requisitos que deben cumplir los que pertenecen a ellas y la situación de la mujer, pero se ha abordado desde el punto de vista de la destreza en el manejo de las armas, imprescindible para poder defenderse a uno mismo y a los demás de los ataques de los zombis. En los siguientes párrafos comentaremos otros ejemplos en los que se puede apreciar este proceso de adaptación.

Durante el baile en el que las hermanas Bennet conocen al señor Bingley y al coronel Darcy, se produce un ataque zombi y se muestra una escena de las hermanas Bennet avanzando en formación mientras desenvainan sus espadas y comienzan a exterminar a los invasores, haciendo gala de una gran destreza en el manejo de las armas. Este hecho es destacado en una conversación posterior entre el señor Bennet y el señor Collins, cuando este último pregunta a cuál de sus primas debe agradecer la preparación de la cena. La respuesta del señor Bennet es contundente: «mis hijas se han preparado para la guerra no para la cocina».

En esta misma conversación, el señor Collins elogia a su protectora, Lady Catherine de Bourgh, afirmando que se trata no solo de una de las damas de mayor riqueza del reino, sino también de una de las más letales, famosa por su destreza con la espada y su empeño por aniquilar la amenaza zombi. Estas palabras van acompañadas de una imagen en la que se ve a Lady Catherine en pose guerrera sobre una montaña de cadáveres zombis mutilados. De este modo se mantiene el acercamiento comentado anteriormente, en el que la clase social se equipara a las destrezas guerreras de sus miembros.

Otra muestra de este hecho es la conversación que tiene lugar en Netherfield, mientras Lizzy se aloja allí para cuidar de su hermana Jane que enfermó durante una visita a las hermanas Bingley. Durante esta conversación, se habla de las destrezas y habilidades que una dama debe poseer. Los lectores de la obra original de Austen recordarán que Darcy enumera un listado muy exigente de conocimientos y destrezas a los que, en esta adaptación, se añade el entrenamiento en las artes marciales y el manejo de las armas. Destrezas, habilidades y conocimientos que la hermana del coronel Darcy posee, según él mismo afirma. Ante esta enumeración, Lizzy responde diciendo que pocas mujeres son capaces de alcanzar ese nivel de excelencia, puesto que una mujer debe elegir entre cultivar esas habilidades artísticas o entrenarse para el combate.

Uno de los momentos más destacados de la novela original es la primera propuesta de matrimonio del coronel Darcy a Elizabeth Bennet. Se trata de una escena cargada de tensión, puesto que Elizabeth no solo rechaza a Darcy, sino que le recrimina con crudeza su papel en la separación del señor Bingley y Jane Bennet. Este momento ha sido reflejado con gran dramatismo en todas las adaptaciones cinematográficas de la novela de Jane Austen, pero es en *Pride and Prejudice and Zombies* en la que la tensión se hace más explícita, puesto que lo que comienza siendo una propuesta de matrimonio desemboca en un combate cuerpo a cuerpo entre Darcy y Elizabeth.

Algo parecido ocurre en la conversación entre Elizabeth y Lady Catherine de Bourgh, cuando esta última acude a Longbourn alertada por el rumor de que su sobrino, el coronel Darcy, se ha comprometido con Elizabeth. Lady Catherine insiste en que Darcy tiene que casarse con su hija y exige a Elizabeth una confirmación de este rumor, sin embargo, la joven se niega a acatar las órdenes de la autoritaria dama y, también en esta ocasión, tiene lugar un combate, aunque no entre Elizabeth y Lady Catherine, puesto que combatir contra la dama sería como «luchar contra Inglaterra», sino contra su guardia personal, un hombre alto y fuerte que intenta acabar con ella. Al inicio del combate, Lady Catherine le pregunta a Elizabeth si va a ceder a sus insistencias, a lo que Elizabeth contesta diciendo que no lo hará, puesto que su valor crece cuando alguien intenta intimidarla. Como resultado de este combate, Elizabeth derrota al gigantón, ganándose así el respeto de Lady Catherine que confiesa: «no sé qué admiro más de usted, sus habilidades como guerrera o su determinación como mujer».

Por último, dentro de esta sección, señalaremos otro cambio importante en la trama y que muestra la modificación en el enfoque de la historia, en la que el papel de la mujer se pone de manifiesto por medio de sus habilidades para luchar. En la parte final de la película, tiene lugar un encarnizado combate entre el ejército inglés y las hordas zombis. En momentos distintos, tanto Bingley como Darcy están en peligro de muerte y son precisamente las mujeres que estos aman las que acuden en su rescate y les salvan la vida.

5.2. «Con zombis o sin ellos, una mujer debe encontrar marido»

El matrimonio es uno de los temas centrales de las novelas de Austen en general y de *Pride and Prejudice* en particular. El párrafo inicial de este libro, al que hemos hecho referencia en el apartado anterior, marca el tono de toda la obra, presentando el matrimonio no como una cuestión romántica sino como una necesidad social. Las jóvenes de clase media-alta dependían del matrimonio para mantener o mejorar su situación social, puesto que, en la mayoría de las ocasiones, el patrimonio familiar pasaba al mayor de los hijos varones o, en caso de que solo hubiera hijas, las propiedades podían estar vinculadas legalmente y debían pasar al siguiente varón en la línea de sucesión, que podía ser un primo lejano, como ocurre en el caso de las Bennet. Este hecho justifica la urgencia de la señora Bennet por casar bien a sus hijas puesto que, el día que muera el señor Bennet, Longbourn y las tierras que le pertenecen pasarán a manos del señor Collins. Por lo tanto, es necesario que alguna de las hijas logre un matrimonio ventajoso que le permita ayudar a su madre y hermanas.

Este contexto que acabamos de explicar está presente en la película *Pride and Prejudice and Zombies*, como lo muestra la frase que da título a esta sección y que es pronunciada por la señora Bennet en una conversación familiar. Sin embargo, debido a los cambios introducidos en esta obra, el matrimonio no juega un papel tan relevante como en la novela. Se ha mantenido el romance entre Jane y el señor Bingley, los trucos de la señora Bennet para favorecer que ambos jóvenes pasen tiempo juntos y las trabas que el entorno de Bingley pone para evitar que esta relación llegue a buen puerto. También se ha mantenido la fallida propuesta de matrimonio del señor Collins a Elizabeth y el posterior compromiso del clérigo con Charlotte Lucas, la mejor amiga de Elizabeth. Y, como era de esperar, puesto que se trata de una trama central en el argumento de la novela original, también se ha mantenido la relación entre Elizabeth y Darcy con las diferentes etapas por la que transcurre, y la indignación de Lady Catherine al conocer el interés de su sobrino por la señorita Bennet. Sin embargo, debido al ritmo acelerado y bélico de la película, la temática del matrimonio pierde un poco de intensidad en comparación con la novela.

Otra variación respecto a la obra original, dentro del apartado del matrimonio, es el hecho de que este se plantee como algo opuesto al uso de las armas. En una conversación entre Elizabeth y Charlotte, esta última reprocha a Elizabeth su desinterés por el matrimonio y su afán por ser una gran guerrera. Desconfiando de que la actitud de su amiga vaya a ser algo duradero, Charlotte le dice a Elizabeth que algún día encontrará al hombre apropiado, del que se enamorará y por el que abandonará las armas, a lo que Elizabeth responde diciendo que, si se trata del hombre apropiado, no le pedirá que deje las armas. Esta idea vuelve a aparecer en la propuesta de matrimonio del señor Collins en la que, dando por supuesto que Elizabeth va a decir que sí, afirma que ella tendrá que dejar las armas.

Como es evidente, lo narrado en el párrafo anterior pone de manifiesto las múltiples negaciones a las que se han sometido las mujeres en diversos momentos de la historia, teniendo que aceptar renuncias no deseadas para poder encajar en el papel de esposa y madre propio de algunos periodos y culturas. Al oponerse a adoptar este papel, Elizabeth encarna el espíritu rebelde que la caracteriza en la novela y que la ha convertido en un referente femenino y en una protagonista adelantada a su época, dispuesta a cuestionar los roles sociales y a enfrentarse a personas de mayor rango social para defender sus principios y el bienestar de sus seres queridos.

Pasando a un tema diferente, pero vinculado con las relaciones amorosas entre los protagonistas, es necesario señalar que en la película se han añadido diversas escenas que enfatizan el atractivo sexual de las protagonistas y que aportan un ligero tinte erótico a la historia. La primera de esta escena transcurre en Longbourn, cuando las hermanas Bennet se preparan para asistir al baile en el que conocerán a Bingley y a Darcy. La película muestra a las jóvenes vistiéndose, con fugaces imágenes de lencerías y corsés, y escondiendo diversas armas blancas bajo sus vestidos. Algunos minutos después, los asistentes al baile son atacados por un grupo de zombis y las Bennet luchan encarnizadamente contra ellos, manejando con gran destreza sus armas. Esta escena es contemplada por Darcy, que manifiesta con excitación contenida a Bingley la atracción que le provoca Lizzy, sus ojos oscuros, su esbelta figura y sus brazos musculosos, aunque no tanto como para dejar de ser femeninos. Aunque Bingley no dice nada, su rostro y su actitud reflejan la misma excitación que Darcy. Además, se ha de destacar que los vestidos de las jóvenes son más escotados de lo que solía ser habitual en la época en la que está ambientada la novela, y de este modo se enfatiza su atractivo físico y se sexualiza ligeramente a las protagonistas.

De entre las escenas con tintes sexuales o eróticos, sin duda, la más significativa es la pelea entre el coronel Darcy y Elizabeth a la que ya nos referimos con anterioridad. La propuesta de matrimonio de Darcy deriva en un cruce de acusaciones entre Lizzy y él que, en esta adaptación, va acompañada de una pelea cuerpo a cuerpo que transmite una elevada tensión sexual entre ambos personajes, especialmente en Darcy. Además de la proximidad física entre ambos, la pelea conlleva algunos momentos más explícitos. Por ejemplo, Darcy sujeta las manos de Lizzy, mientras está yace de espaldas sobre una mesa, y la mirada del caballero se dirige brevemente a los pechos de Elizabeth. Posteriormente, la joven corta los botones del chaleco del coronel con un abrecartas. Poco después, el Darcy quien arranca el cierre del vestido de Lizzy abriendo parcialmente su escote. Durante la pelea, la joven muestra diversas partes de su cuerpo y, cuando ambos caen juntos al suelo, la cámara muestra la apertura del escote de Elizabeth que respira agitadamente, sujetada por Darcy que está tumbado sobre ella.

Aunque es evidente que esta escena se aleja de la novela original en lo referente a la carga sexual, lo cierto es que el diálogo recogido en *Pride and Prejudice* se asemeja bastante a un combate entre ambos protagonistas, de manera que la escena de la película logra poner de manifiesto la tensión contenida de la situación y el estado de ánimo de ambos personajes. De hecho, el combate termina cuando Elizabeth detiene su ataque con el abrecartas justo antes de clavarlo en el corazón del coronel Darcy, que abandona la lucha abatido por el curso de los acontecimientos. En nuestra opinión, este es uno de esos ejemplos en los que las adaptaciones más libres logran reflejar algunos aspectos de la novela con más intensidad que otras adaptaciones convencionales.

5.3. Otras variaciones

Además de los cambios ya señalados, el proceso de adaptación de la novela al guion de la película conllevó otras variaciones que señalamos a continuación.

Por una parte, se acelera el ritmo narrativo y, en consecuencia, también el de los diálogos. A lo largo de la película encontramos condensaciones de diálogos y de escenas, es decir, se unen y reducen conversaciones y acontecimientos con la finalidad de abreviar la historia para ajustarla al nuevo formato.

También se han introducido variaciones en la manera de mostrar a algunos personajes o de contar diversas situaciones. Tal es el caso de las hermanas Bennet, cuya relación en la película es mucho más fluida y afectuosa que en la novela. Las cinco hermanas entrenan y luchan juntas, Mary no está descolgada del grupo familiar, como ocurre en la novela, y se omiten los desencuentros de Elizabeth con Kitty y Lydia, que pasan a ser bromas entre hermanas.

Las apariciones de Wickham y su papel en la historia también varían. A diferencia de lo que sucede en la novela, Wickham asiste al baile en Netherfield y allí se encuentra con Elizabeth. Posteriormente, lleva a la joven a conocer un poblado habitado por zombis pacíficos con la intención de convencerla de que es posible pactar con ellos. No solo eso, más adelante vemos a Wickham en Rosings, manteniendo una entrevista con Lady Catherine y sus invitados, entre los que se encuentra Darcy, en la que intenta convencerlos de que se ha de pactar con los zombis. El papel de Wickham sigue evolucionando de manera diferente a la novela hasta convertirse en el villano principal de la historia y liderar el ataque de los zombis contra el ejército inglés.

Otra variación significativa es el papel de Lady Catherine. Tal y como se dijo anteriormente, la aristócrata de la novela original es transformada en una guerrera poderosa en la adaptación cinematográfica. Aunque este cambio supone un claro alejamiento de la historia original, nos parece un acierto puesto que, en el contexto de la adaptación, la destreza con las armas y el valor en el combate sitúan a esta dama en un nivel superior al resto de personajes y, además, el papel de guerrera encaja bastante bien con la personalidad autoritaria y combativa de Lady Catherine de Bourgh. Anteriormente se comentó que la visita de Lady Catherine a Longbourn para conocer las intenciones de Lizzy respecto al coronel Darcy concluye con un combate en el que Elizabeth derrota al guardaespaldas de la dama y que, con esta victoria, Lizzy se gana el respeto de Lady Catherine. Otra variación introducida en la adaptación respecto a la relación entre ambos personajes es que, cuando comienza el ataque zombi, Elizabeth le pide a Lady Catherine que cuide de su familia mientras ella va a buscar a Lydia que ha escapado con Wickham sin conocer los planes de este malvado joven.

La escena en la que el señor Collins elige de entre las hermanas Bennet a aquella que quiere que sea su esposa es otro ejemplo de las variaciones introducidas en el proceso de adaptación. En la novela original, el clérigo explica a la señora Bennet su intención de casarse con una de sus hijas y muestra su predilección por Jane. Cuando la señora Bennet afirma que Jane está a punto de comprometerse, el señor Collins centra su atención en Elizabeth. En la adaptación cinematográfica, este proceso de selección tiene lugar en público durante una comida en la que el señor Collins afirma que quiere casarse con una de sus primas e, inmediatamente, solicita hablar a solas con Jane. La señora Bennet le explica el posible compromiso de esta y le ofrece a Lizzy que es «casi tan hermosa como Jane». Aunque el señor Collins se resiste a dejar escapar a Jane, termina conformándose con Elizabeth, que escucha todo el diálogo, estupefacta.

Se han introducido también variaciones en la relación entre Elizabeth y el coronel Darcy. Por una parte, como ya se señaló, la propuesta matrimonial de este desemboca en un combate cuerpo a cuerpo. Además, cabe señalar que dicha propuesta tiene lugar durante la parte final de la película, de manera que el proceso de comprensión y cambio de Elizabeth es mucho más breve en la adaptación. Por último, también destacaremos que, en la carta del coronel Darcy a Elizabeth, el caballero le explica que su padre manifestó su intención de dejarle una gran suma de dinero a Wickham al morir y, casualmente, fue infectado por la plaga zombi poco después de que esto ocurriera. Aunque no lo explicita, queda claro que Darcy piensa que Wickham tuvo algo que ver en este hecho. Y por si esta circunstancia no fuera suficientemente dolorosa, hay que añadir que fue el mismo Darcy el que tuvo que ejecutar a su padre para evitar que se transformará en un zombi. Estas variaciones contribuyen a ofrecer una imagen más humana y digna de comprensión del coronel Darcy y justifican que el cambio de Elizabeth sea más rápido.

5.4. Referencias a trabajos anteriores

A pesar de las evidentes diferencias entre *Pride and Prejudice and Zombies* y la novela original, se ha de señalar que Austen está muy presente en esta adaptación cinematográfica. Este hecho se pone de manifiesto casi desde el principio, puesto que, tras la escena inicial en la que Darcy visita Netherfield, tal y como ya se comentó, escuchamos la voz en off del señor Bennet explicando a sus hijas cómo se ha llegado a la situación actual, utilizando como libro de texto una *Historia de Inglaterra*, que evoca a la escrita por Jane Austen cuando todavía era una niña.

Además, a lo largo de toda la película se utilizan citas de otras novelas de esta autora. Por ejemplo, cuando Elizabeth llega a Netherfield para interesarse por el estado de su hermana Jane, encuentra a los Bingley y a Darcy disfrutando del desayuno. Elizabeth pregunta por el estado de su hermana a los que Bingley contesta detalladamente, explicando la evolución de su enfermedad. Inmediatamente, Caroline afirma que odia las enfermedades porque «le mantienen a una en un continuo estado de inelegancia». Esta cita pertenece a una de las cartas familiares de Jane Austen en la que la autora se queja del calor que están pasando y lo hace utilizando estas mismas palabras. Esa misma noche, Elizabeth rechaza amablemente la invitación a unirse a una partida de cartas y dice que prefiere leer, ante lo que Caroline, de nuevo, repone en japonés que «una mitad del mundo no puede entender los placeres de la otra mitad», que es una cita textual de la novela *Emma*.

Otras citas de obras de Austen son utilizadas por personajes de esta adaptación. Por ejemplo, Elizabeth cita *Northanger Abbey* para explicar que, ante la falta de acontecimientos extraordinarios en el lugar en el que se encuentra, la reacción propia de una heroína es salir al encuentro de las aventuras. Y también encontramos una cita de *Persuasion*, cuando el coronel Darcy describe su estado emocional como una mezcla de agonía y esperanza, que son las palabras escogidas por el Capitán Wentworth en esta obra.

Además de las referencias a obras de Austen, también encontramos algunas escenas que evocan las mostradas en otras adaptaciones cinematográficas de *Pride and Prejudice*. Por una parte, la estética del comedor en el que el señor Collins decide pedir matrimonio a Elizabeth es muy similar a la de la adaptación del 2005. Más clara aún es la referencia a la miniserie de la BBC de esta novela. En la película que estamos analizando, se muestra al coronel Darcy sumergiéndose en un lago, mientras escuchamos la lectura de su carta. Este baño en el lago es una clara referencia a la emblemática escena protagonizada por el actor Collin Firth en la que el señor Darcy se baña vestido en el lago y al salir su camisa mojada transparenta y se ciñe a su cuerpo.

6. Conclusiones

Las adaptaciones de obras literarias, ya sea dentro o fuera del mismo género, implican un proceso de lectura y reescritura que, aunque en ocasiones pueda no ser del agrado de los amantes de la obra original, resulta de interés para el estudio de dichas obras, puesto que permite abordarlas desde una perspectiva distinta.

En el caso de los *mash-up*, el hecho de introducir elementos propios de la literatura fantástica o de terror obliga a sus creadores a moldear la obra para dar cabida a esos nuevos elementos, a la vez que se intenta mantener lo fundamental de la novela original, puesto que, de otro modo, no tendría sentido utilizar una obra ya existente. Debido a las características propias del género *mash-up*, las personas que realizan la adaptación tienen una mayor libertad para introducir elementos exagerados y forzar las situaciones y los rasgos de los personajes y, por esta razón, no es extraño que estas obras menos heterodoxas sean capaces de ahondar con más acierto en algunos aspectos del texto original que las obras más ortodoxas.

La película *Pride and Prejudice and Zombies*, aunque muy alejada de la novela de Austen en algunos aspectos, resulta una lectura y reescritura interesante y, en ocasiones, pensamos que muy acertada de esta obra clásica. Por una parte, es necesario recordar que las novelas de Austen están cargadas de humor e ironía y que es importante captar el tono de estos trabajos para poder entenderlos y disfrutarlos mejor. Este tono ligero y humorístico está presente a lo largo de toda la película y se concreta, especialmente, en el cariz exageradamente sangriento de algunas escenas que terminan siendo cómicas debido a esta exageración. Además, esta película también contiene elementos de crítica y reflexión sobre el papel de las mujeres en la sociedad y sobre los prejuicios clasistas, temas presentes en las obras de Austen y, en ocasiones, algo ausentes en las adaptaciones más tradicionales, que suelen realzar los aspectos románticos y difuminar la ironía y el sarcasmo austenianos.

El contraste entre las escenas de violencia y la opulencia y desenfado de los bailes y entretenimientos de las clases altas logra sorprender al espectador, que se pregunta cómo es posible que se mantengan este tipo de diversiones a pesar de la amenaza zombi y de que los combates con este tipo de criaturas estén a la orden del día. De este modo, tal y como se dijo anteriormente, se nos invita a reflexionar sobre la sociedad británica del siglo XIX y, por qué no, también sobre la nuestra, en la que los graves problemas sociales, dentro y fuera de nuestras fronteras, son olvidados y eclipsados por la oferta de ocio y por el bienestar económico.

No hay duda de que los personajes de la película están mostrados de un modo superficial e incluso caricaturesco y no alcanzan, en ningún caso, la profundidad y complejidad recogida en la novela. Sin embargo, nos parece que los adaptadores han logrado mantener y reflejar los rasgos fundamentales de los dos protagonistas principales, Elizabeth Bennet y el coronel Darcy, y vincularlos acertadamente con la trama propia del *mash-up* y las habilidades para la lucha que se derivan de este nuevo contexto.

Como lector y estudioso de Jane Austen, reconozco que, la primera vez que vi un cartel de esta película, mi primera reacción fue de rechazo y desconfianza, dando por supuesto que se trataría de un producto puramente comercial, irrespetuoso con una obra de gran calidad literaria como es *Pride and Prejudice*. Sin embargo, tras escuchar una conferencia sobre esta adaptación en un congreso académico, se me despertó la curiosidad y decidí verla con espíritu abierto, sabiendo que se trataba de un producto intencionadamente exagerado y cómico. Para mi sorpresa, debo reconocer que disfruté con la película, que encontré divertida, ágil e interesante para los lectores de Austen. La combinación de elementos de terror con la elegancia y etiqueta de la Regencia provocan contrastes visuales y argumentales que sorprenden a la audiencia y permiten tener a Austen presente en un contexto al que no estamos acostumbrados.

No puedo terminar este capítulo sin preguntarme qué opinaría Jane Austen de esta película. Es posible que me equivoque, pero teniendo en cuenta su sentido del humor, su gusto por la parodia, el hecho de que ella misma parodiara las novelas góticas en *Northanger Abbey*, y el papel de Elizabeth Bennet como guerrera valiente y hábil, no creo que sea descabellado decir que Austen hubiera pasado un buen rato viendo *Pride and Prejudice and Zombies*.

Capítulo 7
Adaptación cultural de la novela *Pride and Prejudice* en la versión cinematográfica de Bollywood *Bride and Prejudice*

1. INTRODUCCIÓN

Las novelas de Jane Austen son un estudio de los personajes y de las relaciones que mantienen entre ellos. Austen no ancla sus argumentos a un periodo histórico concreto a un contexto cultural determinado. Sus historias transcurren en un momento y un lugar determinados y este contexto contribuye al desarrollo de la trama, pero lo importante no son los acontecimientos históricos o las características de una sociedad, sino cómo influyen estas circunstancias en la vida cotidiana de las personas y en las relaciones sociales (Jordán, 2017).

Por esta razón, resulta sencillo trasplantar el argumento de cualquiera de las novelas de Austen a un lugar y una época diferentes manteniendo los temas y conflictos principales. En capítulos anteriores hemos hablado de algunas de estas adaptaciones cinematográficas que se alejan de la obra original al llevarla a un contexto diferente, tanto por el cambio de localización como por la introducción de elementos fantásticos. En este capítulo, hablaremos de la película *Bride and Prejudice* (2004), dirigida por Gurinder Chadha, que relata la historia de Lalita, una joven de origen indio, y William Darcy, un hombre de negocios americano que visita la India por motivos de trabajo. A pesar de la distancia entre el contexto de la novela original y el de esta adaptación cinematográfica, Bride and Prejudice logra mantener muchas de las características de los personajes principales y también los temas más relevantes de la novela de Jane Austen.

2. JANE AUSTEN VIAJA A LA INDIA

Bride and Prejudice es una exploración de la hibridación cultural, que combina elementos del cine de Hollywood y Bollywood mientras adapta la novela clásica de Jane Austen, *Pride and Prejudice* (2017). Estrenada en 2004, esta película es un testimonio de la interconexión del cine global y las complejidades de la adaptación cultural (Wilson, 2006).

El enfoque de Chadha sobre *Bride and Prejudice* es verdaderamente internacional, con una producción que abarca tres continentes y recibe financiación de entidades como el British Film Council y Miramax. La película abraza audazmente su naturaleza híbrida, fusionando elementos de la novela de Austen con elementos tomados del cine y la televisión indios y británicos. Esta combinación de diversas influencias crea un rico tapiz de referencias culturales, que invita a audiencias de diversos orígenes a involucrarse con la historia (Geraghty, 2006).

En esencia, *Bride and Prejudice* busca atraer al público general, incluidos los de la India y la diáspora india, al mismo tiempo que desafía las expectativas tradicionales de las adaptaciones cinematográficas (Wilson, 2006). Chadha, conocida por su exploración del multiculturalismo en trabajos anteriores como *Bend it Like Beckham*, celebra las complejidades de la identidad británica contemporánea presentando una película que es a la vez familiar y fresca (Geraghty, 2006).

La ambientación de la película en la actual Amritsar, Londres y Los Ángeles subraya su perspectiva global, al tiempo que resalta la universalidad de los temas que se encuentran en el trabajo original de Austen. De hecho, la decisión de Chadha de adaptar *Pride and prejudice* a un contexto indio se basa en su creencia de que las normas y presiones sociales descritas por Austen resuenan profundamente en las audiencias contemporáneas del sur de Asia (Akram, 2022).

La exploración del matrimonio, el dinero y el estatus social es fundamental tanto para la novela de Austen como para la adaptación de Chadha. Estos temas, que prevalecían en la sociedad inglesa de la década de 1790, encuentran nueva relevancia en el contexto de la India actual. El énfasis de Bollywood en las relaciones familiares y las estructuras sociales se alinea perfectamente con el universo moral de Austen, haciendo de *Bride and Prejudice* una adaptación natural dentro de la tradición de Bollywood (Eckstein, 2008).

Según Claudia Johnson (1988), Jane Austen era plenamente consciente de que para escribir novelas de crítica social, los autores tenían que desarrollar estrategias de subversión y sutileza que les permitieran utilizar la tradición polémica sin resultar excesivamente reaccionarios. El cine de Bollywood cumple una agenda cultural similar a la de la novela del siglo XIX. Desai (2004) afirma que el cine es la forma y el producto cultural más popular y significativo en la economía cultural y política transnacional del sur de Asia. Más importante aún, los procesos de identificación de la diáspora del sur de Asia están centralmente configurados a través del aparato cinematográfico. Al adherirse y burlarse, simultáneamente, de las convenciones de Bollywood, Chadha logra que los espectadores sean conscientes de aspectos fundamentales de la realidad social de la India. (Wilson, 2006). Por lo tanto, se puede afirmar que *Bride and Prejudice* refleja la atención de la novela a las diferencias entre las clases sociales, que era una realidad para Austen, que mostró siempre una observación aguda de las sutiles distinciones entre un nivel social y otro, que posteriormente plasmó en su actividad como escritora de ficción realista (Copeland & McMaster, 2011).

Si bien la película hace varios ajustes para adaptarse a su nuevo escenario y audiencia, como adherirse a las convenciones de Bollywood y analizar las influencias occidentales, se mantiene fiel al espíritu del trabajo de Austen. Al integrar perfectamente elementos de la cultura y el cine indios con la historia eterna de Austen, *Bride and Prejudice* trasciende las fronteras culturales y ofrece a los espectadores una nueva perspectiva de una obra clásica, leída y estimada por millones de lectores de todo el mundo (Carol, 2003).

En conclusión, *Bride and Prejudice* sirve como un ejemplo convincente del poder de la hibridación cultural en el cine. A través de su enfoque innovador de la adaptación y su celebración de la diversidad, la película invita al público a reconsiderar sus ideas preconcebidas sobre los géneros cinematográficos y las identidades culturales en el mercado global contemporáneo (Dole, 1998).

3. ANÁLISIS DEL PROCESO DE ADAPTACIÓN DE *PRIDE AND PREJUDICE* A *BRIDE AND PREJUDICE*

Cualquier adaptación cinematográfica de una obra literaria conlleva una serie de cambios, necesarios para encajar la historia original en un medio distinto. Si se trata de una adaptación ortodoxa, el contexto de los personajes será el mismo que en la obra original, aunque es posible que los guionistas enfaticen de un modo especial algunos aspectos que consideren que son más relevantes para la comprensión y el disfrute de la película. Sin embargo, cuando el proceso de adaptación conlleva un cambio geográfico y temporal, como ocurre en la película *Bride and Prejudice* y también en la webserie *Emma Approved*, de la que se habló en el capítulo 4, es necesario, además, llevar a cabo una remodelación del contexto social y de los roles de los personajes en ese nuevo contexto.

Tal y como se vio en el capítulo 4, a pesar de las grandes diferencias contextuales entre la novela *Emma* y la webserie *Emma Approved*, resultó posible mantener muchos de los temas centrales de la obra original y también muchas de las características más relevantes de los distintos personajes. En las próximas páginas, vamos a mostrar cuál ha sido el resultado de trasladar la trama de *Pride and Prejudice* desde la Inglaterra del siglo XIX hasta la India de principios del siglo XXI, y cuáles han sido los cambios introducidos, tanto en el argumento como en los personajes, durante el proceso de adaptación cinematográfica.

3.1. Adaptación de los personajes

Como es lógico, al trasladar la trama de Inglaterra a la India, ha resultado necesario introducir algunos cambios que contribuyan a la contextualización de la historia. Uno de estos cambios son los nombres de los personajes. En el caso de los protagonistas de origen inglés o americano, los nombres han sufrido pocas variaciones. De este modo, tenemos a Darcy cuyo nombre es William, en vez de Fitzwilliam, a Wickham, que pasa de llamarse George a Johnny, y a Georgie, diminutivo de Georgina, Darcy y a su madre, no tía, Catherine. Los nombres de los protagonistas de origen indio se han adaptado a su contexto. Los Bennet se convierten en la familia Bakshi, que cuentan con un miembro menos que en la historia original. El señor y la señora Bakshi tienen cuatro hijas, Jaya (Jane), Lalita (Lizzy), Lakhi (Lydia) y Maya (Mary). Como se puede apreciar, aunque los nombres son distintos a los de la novela original, se ha buscado que haya cierta relación entre unos y otros y, de hecho, empiezan por la misma consonante. Lo mismo ocurre con el señor Bingley, que es adaptado como Balraj, mientras que su hermana Caroline pasa a llamarse Kiran, y tanto con Charlotte Lucas, cuyo nombre es Chandra Lamba, como con su esposo, el señor Collins, que ha sido adaptado como Kohli.

Como es lógico, los cambios sociohistóricos han conllevado ciertos ajustes en los roles de los personajes y, además, se han introducido otras variaciones tanto en su personalidad como en las relaciones entre ellos, sin embargo, como se podrá apreciar, ha sido posible mantener una gran parte de los elementos y temas de la novela original.

Desde el principio de la película se muestra a Lalita como una joven inteligente y de fuerte personalidad, capaz de defender sus principios e ideas con pasión y valentía, independientemente de quién sea su interlocutor. Del mismo modo, William Darcy también mantiene algunas de las características principales del personaje original, es un hombre de negocios que pertenece a una familia adinerada, es más tímido que su amigo Balraj y carece de algunas habilidades sociales, por lo que es percibido como orgulloso por algunos. Sin embargo, sus conversaciones con Lalita le llevan a cambiar algunos de sus puntos de vista, a reconocer sus errores y a suavizar sus modales.

La trama inicial gira en torno a una boda a la que asisten tanto la familia Bakshi como Balraj, que es padrino del novio, su hermana Kiran y su mejor amigo, William Darcy, que está de viaje de negocios en India con la finalidad de evaluar la posibilidad de comprar un hotel. En este contexto se producen varios encuentros entre los protagonistas y se establecen las relaciones que serán la temática central del argumento. Balraj y Jaya son mostrados como personas afables y sencillas que se atraen mutuamente, mientras que Kiran es una joven sofisticada, que da mucha más importancia al estatus social que su hermano, y que se muestra menos accesible en las relaciones sociales.

La familia Bakshi pertenece a la clase media-alta y vive sin grandes lujos, pero con ciertas comodidades. La señora Bakshi está obsesionada con casar a sus hijas y aspira a una vida mejor fuera de la India. Por esta razón, presiona a Lalita para que acepte la propuesta de matrimonio del señor Kohli, amigo de la familia que vive en Estados Unidos, donde ha prosperado económicamente. El señor Kohli vuelve a Amritsar para buscar una esposa india que se haya mantenido fiel a sus orígenes, ya que las jóvenes de origen indio que viven en Estados Unidos no son fieles a sus tradiciones culturales. Por lo tanto, en el contexto de la película no existe la urgencia económica de la novela original, en la que se narra cómo el estado de los Bennet está vinculado por ley y pasará al siguiente varón de la familia cuando fallezca el señor Bennet.

El señor Kohli es mostrado como un nuevo rico, que no para de alardear de sus logros económicos y que reniega de su pasado, ensalzando continuamente las maravillas de Estados Unidos mientras que muestra cierto desprecio por su país de origen. A pesar de las diferencias con el señor Collins, como el hecho de que no se trate de un clérigo que dependa económicamente de la protección de una patrona, se han mantenido los rasgos más relevantes de este personaje. Kohli es poco oportuno en sus declaraciones, simple en sus razonamientos, ofende sin darse cuenta, se fija más en la posición que en la persona y mantiene una actitud servil hacia aquellos que le pueden beneficiar. Sin embargo, esta imagen mejora en la segunda parte de la película, cuando los Bakshi viajan a California para asistir a la boda entre Kohli y Chandra, la mejor amiga de Lalita. A pesar de las evidentes limitaciones de carácter de Kohli, en una conversación con Lalita, Chandra habla de su futuro marido con benevolencia y afecto y, de hecho, cuando la boda tiene lugar, no se advierte resignación sino alegría por parte de los presentes. Kohli, además, acoge a la familia Bakshi en su casa con cordialidad y alegría, y ejerce como un buen anfitrión hasta el momento de llevarlos al aeropuerto.

Por último, nos detendremos en Johnny Wickham, que no es oficial de la marina británica sino un trotamundos inglés con el que Lalita coincide durante su viaje con el grupo formado por su hermana Jaya, Balraj, Kiran y Darcy. Desde el primer encuentro, Lalita se muestra interesada por Wickham, cuyos puntos de vista sobre la India son muy diferentes de los de Darcy. Lalita invita a Wickham a visitarla en Amritsar y él se presenta allí algunos días más tarde, donde es acogido benévolamente por el señor Bakshi, aunque con menos entusiasmo por parte de la señora Bakshi, que no lo considera un pretendiente de interés para sus hijas. En una conversación con Lalita, Wickham le habla de sus orígenes humildes, su madre fue la niñera de William Darcy, y del injusto trato que recibió por parte de este cuando murió el cabeza de familia de los Darcy. Posteriormente, Lalita escuchará de labios de Darcy la historia real sobre Wickham y sobre cómo dejó embarazada y abandonó a Georgi Darcy cuando aún era menor de edad. En la parte final de la historia, Wickham intenta seducir a Lakhi sin el conocimiento de su familia, aunque Lalita y Darcy logran encontrarlos antes de que ocurra nada y el joven termina recibiendo sendas bofetadas por parte de Lalita primero y de Lakhi después.

3.2. Adaptación del contexto social e histórico

Las novelas de Jane Austen están ambientadas en las primeras décadas de la Inglaterra del siglo XIX. Uno de los temas constantes de todas estas obras son las diferencias entre clases y el determinismo social existente en aquella época. Haber nacido hombre o mujer, en una familia u otra, o incluso el puesto ocupado entre los hermanos eran circunstancias que marcaban, de manera casi definitiva, el futuro de una persona. Austen aborda esta temática mostrando personajes diversos de cada estamento, poniendo de manifiesto las limitaciones a las que se enfrentan algunos, la situación de dependencia de la mujer y la discordancia entre la supuesta buena educación de las clases elevadas y los comportamientos carentes de principios de algunos de ellos.

La historia de *Bride and Prejudice* transcurre durante los primeros años del siglo XXI en tres lugares distintos, India, California y Londres. En este nuevo contexto, los creadores del guion cinematográfico optaron por sustituir las diferencias de clases por diferencias culturales. Por esta razón, a lo largo de toda la película, encontramos escenas en las que se ponen de manifiesto las diferencias entre la cultura india y la occidental, y la percepción occidente-centrista de muchos de los personajes, que tienden a prejuzgar y minusvalorar diversos aspectos culturales y sociales de la India.

El enfoque de la directora de la película, Gurinder Chadha, sobre la adaptación está profundamente arraigado en su deseo de cuestionar los esquemas mentales preexistentes sobre raza, género e identidad cultural. A partir de la exploración de Austen y de las fuerzas sociales que configuran las identidades individuales y culturales, Chadha integra perfectamente estos temas en un contexto moderno y multicultural. Esta película proporciona una lente a través de la cual examinar la dinámica cultural entre Estados Unidos y la India, destacando las primeras impresiones y desafiando nociones preconcebidas (Wilson, 2006). Además, al incorporar las convenciones de Bollywood y abordar las complejidades de la identidad cultural, Chadha captura la esencia de la narrativa de Austen al tiempo que le infunde una nueva perspectiva (Akram, 2022).

La elección del escenario es crucial en la adaptación de Chadha, ya que le permite criticar el imperialismo occidental y la forma en que Occidente percibe a la India. A través del personaje de Balraj, retratado como indio-británico, Chadha explora la identidad inmigrante británica y al mismo tiempo desafía la representación británica blanca tradicional, encarnada en el personaje de Johnny Wickham (Akram, 2022).

Por otra parte, el título de la película evoca inmediatamente el tema central del matrimonio, haciéndose eco de la exploración de Austen de la relación entre matrimonio, dinero y estatus social. Tanto en la sociedad de Austen como en la India moderna, el matrimonio se considera una institución social y culturalmente significativa, lo que destaca los paralelismos entre los dos contextos (Akram, 2022).

La decisión de Chadha de combinar elementos de la narrativa de Austen con las convenciones de Bollywood subraya aún más la capacidad de la película para resonar en el público contemporáneo. Al situar los segmentos estadounidenses de la película en Hollywood, Chadha navega entre el homenaje y la sátira, ofreciendo a los espectadores un comentario consciente sobre el medio cinematográfico (Wilson, 2006).

Las diferencias culturales y la actitud altiva, cargada de prejuicios de algunos de los personajes occidentales se muestra desde el inicio de la película, cuando aparecen en escena Darcy y los hermanos Balraj y Kiran. Nada más bajar del avión, los recién llegados notan la diferencia en olores y costumbres. Recorren en taxi las calles abarrotadas por multitudes en un despliegue humano que es percibido como una muestra de retraso cultural y económico por parte de Kiran y Darcy. Posteriormente, se vuelve a ver a este mismo grupo en el contexto de las celebraciones previas a la boda, que incluyen un baile de chicos contra chicas que resalta el lado «exótico» de India. Balraj, de ascendencia india, se muestra cómodo en este ambiente y logra integrarse de inmediato, sin embargo, Darcy está completamente fuera de lugar y se comporta de manera torpe y cohibida. Cuando ambos amigos conocen a la familia Bakshi, Balraj se va a bailar con Jaya, mientras que Darcy rechaza la invitación de Lalita, que se ofrece a enseñarle a bailar, aludiendo razones de trabajo para ausentarse. Este gesto es percibido como un acto de desprecio por la señora Bakshi, que comenta de inmediato: «¡Americanos! No somos suficientemente buenos para ellos».

Mientras que, en la novela original, los reparos de Darcy respecto a una posible relación entre Bingley y Jane Bennet se basan en razones socioeconómicas, en el caso de la adaptación cinematográfica, los obstáculos que se señalan son de cariz cultural, como pone de manifiesto la conversación entre Balraj y Darcy tras el baile. Al ver el interés de su amigo por Jaya, Darcy le insta a evitar complicaciones y buscar pareja en su país, no en la India. Balraj responde aludiendo al evidente interés de Darcy por Lalita y este le contesta diciendo que es una joven atractiva, pero no lo que su madre espera para él.

Las diferencias culturales y los prejuicios que se han podido intuir en las primeras escenas de la película se ponen de manifiesto en las primeras interacciones entre Darcy y Lalita. En una conversación, Darcy se queja de las malas condiciones en las que está teniendo que trabajar por falta de medios materiales, a pesar de que su hotel es de los más lujosos de la zona. Estas quejas son percibidas como una crítica global a la India por parte de Lalita, que intenta defender su país. El hecho de que Darcy sea dueño de diversos hoteles y quiera comprar un hotel de lujo en la zona, cuyo coste de una noche bastaría para alimentar a una familia india durante un año, abre también una brecha cultural entre Darcy y Lalita. Esta situación sigue empeorando cuando Lalita pregunta a Darcy si está disfrutando de la boda y este responde con dureza diciendo que no le gustan los matrimonios arreglados y arremete contra la cultura india a la que tacha de simple y anticuada, lo que molesta a Lalita que vuelve a defender sus orígenes. Por esta razón, cuando Darcy, que se siente cada vez más atraído por ella, le pide que le enseñe a bailar, la respuesta que recibe por parte de la joven es que se busque a alguien simple y anticuado que le enseñe.

Los desencuentros entre Darcy y Lalita se suceden con posterioridad durante el viaje que realizan junto con Jaya, Balraj y Kiran a un hotel de lujo que la compañía de la madre de Darcy está planteándose comprar. Refiriéndose a dicho hotel, Lalita afirma que este tipo de oferta turística está pensada para que la gente pueda disfrutar del lujo sin tener que interactuar con la cultura local. Lalita considera estas inversiones como una forma de imperialismo que desprecia la cultura local. Estas discusiones ponen de manifiesto la brecha entre las distintas culturas y percepciones de Darcy y Lalita, en la que incide la directora de la película ofreciendo una sucesión de imágenes que muestran diversos desencuentros entre ambos personajes, y también la creciente admiración de Darcy por Lalita.

En este contexto de tensión cultural tiene lugar la aparición de Johnny Wickham, que parece tender un puente entre ambos mundos. Su experiencia vital, que le ha llevado a conocer distintas culturas, le permite captar mejor los matices de la India y a apreciar su encanto. Este hecho encandila a Lalita, que se siente atraída por él a la vez que aumenta su distancia con Darcy. Además, tras contar su versión de lo acontecido entre Darcy y él, Wickham le explica a Lalita que la señora Darcy le está buscando esposa a su hijo, lo que despierta la indignación de Lalita, que acusa a Darcy de ser un hipócrita, puesto que está haciendo aquello que critica.

El personaje de Kohli, que se corresponde con el señor Collins de la novela original, es un claro ejemplo del contraste cultural entre India y Estados Unidos. Tal y como se explicó con anterioridad, el señor Kohli es un amigo de la familia Bakshi que emigró a Estados Unidos, donde ha prosperado económicamente. Kohli viaja a la India para buscar esposa entre las hijas de los Bakshi y se aloja en su casa. En la novela *Pride and Prejudice*, el señor Collins no cesa de referirse a su patrona, Lady Catherine de Bourgh, para exaltar su riqueza y buena posición. En *Bride and Prejudice*, el señor Kohli habla continuamente de América, ensalzando los avances y el esplendor de este país en contraposición al retraso y decadencia de la India. Esta actitud molesta a Lalita que es una defensora a ultranza de su país y de su cultura y también resulta molesta para el resto de la familia, excepto para la señora Bakshi, que sueña con vivir en Estados Unidos. De hecho, tal es la insistencia del señor Kohli en esta actitud que, durante una cena con amigos y familia, es el mismo Darcy quien sale en defensa de la cultura y sociedad de la India, que, según él, tiene algunos valores que han desaparecido en Estados Unidos como, por ejemplo, la importancia de la familia. Kohli está tan convencido de la superioridad de América respecto a India que considera que cualquiera de las jóvenes Bakshi se sentirá afortunada de casarse con él, puesto que de ese modo podrán ir a Estados Unidos y obtener el permiso de residencia.

Por último, comentaremos brevemente un claro ejemplo de la visión imperialista y cargada de prejuicios hacia la India de uno de los personajes de origen americano, concretamente, Catherine, la madre de William Darcy. Cuando le preguntan si ha estado alguna vez en la India, la señora Darcy contesta que no siente la necesidad de ir allí, puesto que resulta sencillo probar la comida india en América, a lo que Lalita contesta diciendo que la gente sigue yendo a Roma, aunque exista Pizza Hut. De este modo, se pone de manifiesto la visión reduccionista, que implica cierto desprecio social y cultural, de un personaje que, por su contexto vital, se considera por encima de los miembros de una sociedad que considera atrasada.

3.3. **Mujer y matrimonio**

La situación de la mujer y el matrimonio, con todas las complejidades que implica, son dos de los temas principales de la novela *Pride and Prejudice*. Ambos temas están también presentes en *Bride and Prejudice*, aunque, como es lógico, hay ciertas diferencias en el modo en el que son tratados.

Desde el principio de la película, la señora Bakshi se muestro obsesionada con casar a sus hijas. La situación económica de los Bakshi es acomodada y sus hijas son capaces de valerse por sí mismas y encontrar un trabajo que les garantice su futuro bienestar, de manera que el deseo de la señora Bakshi de que todas sus hijas obtengan un matrimonio ventajoso no responde a una necesidad económica, como en el caso de la señora Bennet, sino a una cuestión de imagen social y a las posibles mejoras en su vida que estos matrimonios pudieran traer, como sería el hecho de tener a sus hijas viviendo en países que ella considera superiores como Inglaterra o Estados Unidos.

En la sociedad india en la que se ambienta la película, los matrimonios concertados son una práctica habitual. Esta costumbre es percibida como un atraso por William Darcy, a quien su madre está buscando una futura esposa. Esta paradoja pone de manifiesto la visión occidental que juzga desde la distancia sin pararse a analizar las incongruencias y limitaciones de sus propios planteamientos y reglas. En la película no se abre el debate sobre los matrimonios concertados, ya que se trata de un tema de gran complejidad en aquellas culturas en los que siguen existiendo. Cuando Darcy hace referencia a este tema, Lalita se limita a contestarle que no puede juzgar sin conocer y que las cosas no son tan simples como el piensa. Sin embargo, la actitud de la protagonista deja claro que ella cree en el matrimonio por amor y no por conveniencia. De hecho, esta actitud es objeto de crítica por parte de su madre cuando Lalita rechaza la propuesta de matrimonio del señor Kohli. Indignada por este hecho, la señora Bakshi se queja a su marido diciendo que su hija quiere que el amor esté desde el principio y le pide que le explique que primero va el matrimonio y el amor llega después.

Como se explicó anteriormente, el señor Kohli es un amigo de la familia Bakshi que ha regresado a la India para buscar una esposa que sea fiel a las tradiciones. Del mismo modo que ocurre con el señor Collins en *Pride and Prejudice*, que siente que tiene el derecho de elegir a cualquiera de las Bennet y que asume será aceptado por su elegida, puesto que tiene mucho que ofrecer; se puede apreciar la seguridad con la que Kohli manifiesta su intención de casarse con alguna de las Bakshi y da por sentado que ellas querrán casarse con él, puesto que es un hombre con solvencia económica que vive en Estados Unidos. Al ser rechazado por Lalita, Kohli abandona la casa de los Bakshi, a quienes poco después les llega la noticia del compromiso matrimonial entre Kohli y Chandra Lamba, la mejor amiga de Lalita. De esta manera, se muestra que, a pesar del cariz ridículo con el que se representa al señor Kohli, lo cierto es que su intuición no iba desencaminada, puesto que su buena posición resulta suficiente para captar el interés de una joven que quiera casarse con él.

Por medio del personaje de la señora Bakshi podemos ver una visión simplista y anticuada de la mujer. Por una parte, tal y como ya se ha explicado, parece que la señora Bakshi opine que el único fin de la vida de una joven sea encontrar marido. Por eso, tras el rechazo de Lalita a Kohli, acude a una página web de citas para buscar algún pretendiente digno para su hija y, al no encontrarlo, declara que todo está perdido. Además, en su afán por captar la atención de jóvenes pretendientes, la señora Bakshi pone de manifiesto sus planteamientos simplistas al recomendarle a sus hijas que no digan nada inteligente, puesto que de otro modo podrían alejar a sus pretendientes, y al insistir en que Jaya viaje con Balraj al hotel que Darcy estudia comprar, puesto que de ese modo será más fácil que despierte el interés del joven ya que en este hotel, situado junto al mar y con lujosas piscinas, Jaya podrá mostrarse en traje de baño.

Por último, volveremos sobre un tema que hemos comentado unos párrafos más arriba. En una de sus primeras conversaciones, Darcy manifiesta su rechazo a los matrimonios concertados, puesto que lo considera un atraso social, sin embargo, su madre le está buscando una esposa que se ajuste a las características que ella considera que debe tener la futura mujer de su hijo, miembro de una familia con una posición económica y social muy elevada. De hecho, en su primera declaración amorosa a Lalita, Darcy reconoce que su familia estará en desacuerdo con su decisión, puesto que Lalita no es el tipo de mujer con el que ellos esperan que se case. De este modo, se muestra que, aunque los matrimonios concertados no son una práctica habitual en occidente, no por eso dejan de existir condicionantes y presiones que pueden interferir en la decisión del hombre o la mujer a la hora de elegir pareja.

4. Conclusión

Bride and Prejudice moderniza el argumento de la novela *Pride and Prejudice* y lo sitúa en un país muy diferente al elegido por Jane Austen. Se trata por lo tanto de una película que se aleja de las adaptaciones cinematográficas más ortodoxas, tanto las producidas por la BBC como algunos productos de Hollywood. Sin embargo, del mismo modo que ocurre en la película Pride and Prejudice and Zombies, comentada en el capítulo anterior, esta distancia no es un obstáculo para que se mantengan la mayoría de los temas principales de la novela original. De hecho, esta actualización del argumento permite captar con más facilidad algunos aspectos de la novela escrita por Jane Austen.

El proceso de adaptación ha mantenido a la casi totalidad de personajes principales, a excepción de Lydia Bennet y el matrimonio Gardiner. A pesar de los muchos cambios introducidos en el contexto social y temporal, se pueden apreciar en los protagonistas los rasgos más relevantes de la personalidad de cada uno. Lalita es una joven de convicciones profundas y carácter fuerte, que no se amilana ante aquellos que la superan en posición social o económica y, a la vez, es una hermana afectuosa y una amiga leal. Darcy es un hombre de principios, reservado y algo torpe en las relaciones sociales, pero, a la vez, maduro y responsable, capaz de asumir las consecuencias de sus errores y a rectificar cuando piensa que no ha obrado bien. Las restantes hermanas Bakshi también se corresponden con el perfil de las correspondientes hermanas Bennet: Jaya es dulce e inocente, Lakhi es alegre, atrevida e inconsciente, y Maya en ocasiones resulta ridícula al intentar despuntar por medio de unas dotes artísticas de las que carece.

La sustitución de las diferencias entre clases sociales por las diferencias culturales entre dos grandes potencias económicas occidentales, como son Estados Unidos y el Reino Unido, y la India logra mantener el clima de tensión y desencuentros entre los personajes principales de un modo efectivo y veraz. La actitud distante de Caroline Bingley, que critica la falta de elegancia de las personas y de los eventos que se organizan en la población de Meryton y en sus alrededores es similar a la de Kiran, que observa las tradiciones indias y la situación de sus gentes con una actitud despectiva y condescendiente. El comportamiento del señor Darcy durante los primeros capítulos de *Pride and Prejudice*, distante y crítico, se asemeja al de William Darcy, que no es capaz de integrarse con naturalidad en las costumbres indias y que evalúa algunas de sus tradiciones antes de conocerlas en profundidad.

Los cambios introducidos en el argumento para llevar a cabo esta adaptación cinematográfica, no afectan a los temas principales y sirven para dar una mayor coherencia a la historia y para lograr el efecto cómico deseado. La introducción de canciones y bailes, con el estilo propio de Bollywood, aporta colorido y entretenimiento a la película, marcando la identidad cultural india y su contraste con Occidente.

Es evidente que *Bride and Prejudice* no logra reflejar en todo su hondura ni las características de los personajes ni la complejidad del argumento de la obra de Austen, pero tampoco parece que fuera esta la intención de la directora. Se trata de un producto de entretenimiento, vistoso y ameno, que combina la visión de dos mundos muy diferentes por medio de una historia que resiste el paso del tiempo y el cambio de circunstancias, ya sea el cambio de escenario de la Inglaterra del siglo XIX a la India del siglo XXI, o la introducción de zombis.

Bibliografía

Agost, R. (1999). *Traducción y doblaje: palabras, voces e imágenes*. Ariel

Akram, S. (2022). Austen, Adaptation and the Subcontinent: Postcolonial Critique in Bride and Prejudice and Austenistan. *Journal of Comparative Literature and Aesthetics*, *45*(2), 94-102.

Aristóteles (1999), *Sobre la interpretación*. Tecnos.

Austen, Jane. *Jane Austen's Letters*. Editado por Le Faye, Deirdre, OUP Oxford, 2011.

— (2013), *Emma*. e-artnow.

— (2009). *Northanger Abbey*. Wild Jot Press.

— (2017). *Pride and Prejudice*. Plutón ediciones.

Austen-Leigh, J. E. (1882). *A memoir of Jane Austen* (Vol. 6). Richard Bentley and son. (Digital version https://www.gutenberg.org/files/17797/17797-h/17797-h.htm#startoftext)

Baiesi, S. (2017). Remediating Jane Austen through the Gothic: «Pride and Prejudice and Zombies». *Purloined letters 16. 83-99*

Biajoli, M. C. P. (2017). Pride and Prejudice and Zombies: Jane Austen consumed by her popularity. *Espectro da Crítica*, *1*(1).

Bluestone, G. (1957). *Novels into film*. John Hopkins University Press Press.

Boyum, J. G. (1985) *Double Exposure: Fiction into Film*. New American Library.

Brady, B. (1994). *Principles of adaptation for film and television*. University of Texas Press.

Bray, J. (2018). *The Language of Jane Austen*. Springer.

Brooks, M. (2006). *World War Z*. Crown

Burns, M. (2021). *Publishing Northanger Abbey: Jane Austen and the Writing Profession*. Vernon Press.

Caroll, L. (2003). A consideration of times and seasons: two Jane Austen adaptations. *Literature/Film Quarterly*, *31*(3), 169.

Chatman, S. B. (1990). *Coming to terms: The rhetoric of narrative in fiction and film*. Cornell University Press.

Coldwell, A. (2014). Imagining Future Janeites: Young Adult Adaptations and Austen's Legacy. *Persuasions On Line*, *35*.

Copeland, E., & McMaster, J. (Eds.). (2011). *The Cambridge Companion to Jane Austen*. Cambridge University Press.

Dayan, J. (1991). Vodoun, or the Voice of the Gods. *Raritan-A Quarterly Review*, *10*(3), 32-57.

Dendle, P. (2012). *The Zombie Movie Encyclopedia, Volume 2: 2000-2010*. McFarland.

Desai, J. (2004). *Beyond Bollywood: The cultural politics of South Asian diasporic film*. Routledge.

Devlin, D. D. (1975). *Jane Austen and education* (p. 11). London: Macmillan.

Díaz-Cintas, J. (2005). Nuevos retos y desarrollos en el mundo de la subtitulación. *Puentes:*

*Hacia nuevas investigaciones en la medi-
ación intercultural, 6*, 13-20.

DOLE, C. M. (1998). Austen, Class, and the American Market. *Jane Austen in Hollywood, 2*,
58-78.

ECKSTEIN, L. (2008). Bridehood Revisited: Dis-
arming Concepts of Gender and Culture in
Recent British Asian Films. *Multi-Ethnic Brit-
ain 2000+: New Perspectives in Literature,
Film and the Arts*, 45-64.

ECO, Umberto (1970). «Cine y literatura: la estructura de la trama» en *La definición del
arte*. Martínez Roca

ELLIOTT, K. (2004 a). Literary film adaptation and
the form/content dilemma. *Narrative Across
Media: The Languages of Storytelling*, 220-
243.

— (2004 b). Novels, films, and the word/image
wars. *A companion to literature and film*, 1-22.

FERGUS, J., & WOOD, J. L. (2016). *Jane Austen: a
literary life*. Springer.

FIELDING, H. (1996). *Bridget Jone's Diary*. Picador.

FRAGO-PÉREZ, M. (2005). Reflections on film adaptation from an iconological approach. Com-
munication & Society 18(2), 49-82

GANTI, T. (2004). *Bollywood: A guidebook to
popular Hindi cinema*. Routledge.

GARRETT, G. (2017). *Living with the Living Dead:
The Wisdom of the Zombie Apocalypse*. Oxford University Press.

GERAGHTY, C. (2006). Jane Austen Meets Gurin-
der Chadha: Hybridity and Intertextuality in
Bride and Prejudice. *South Asian Popular
Culture, 4*(2), 163-168.

— (2019). Filming with Words: British Cinema,
Literature and Adaptation. *A Companion to
British and Irish Cinema*, 141-157.

GILLIE, C. (2014). *A preface to Jane Austen*. Routledge.

GLEADLE, K. (2017). *British women in the nine-
teenth century*. Bloomsbury Publishing.

GRAHAME-SMITH, S. (2009). *Pride and prejudice
and zombies*. Quirk Publishing.

GRIGGS, Y. (2016). *The Bloomsbury introduction
to adaptation studies: Adapting the canon in
film, TV, novels and popular culture*. Bloomsbury Publishing.

GUIDOTTI, F. (2021). Mashing up Jane Austen's
classics: «Pride and Prejudice and Zombies»
& «Mansfield Park and Mummies». In *Thin-
king Out of the Box in Literary and Cultural
Studies. Proceedings of the XXIX AIA Confe-
rence* (pp. 125-147). Padova University Press.

HOLLANDS, N. (2002). Adaptation of novels into
film-a comprehensive new framework for
media consumers and those who serve them.

JIMÉNEZ-CARRA, N. (2015). Traducir a Jane Austen:
el reto de un estilo. *E-Aesla*, (1), 72.

JOHNSON, C. L. (1988). *Jane Austen: women, politics, and the novel*. University of Chicago
Press.

JORDÁN, M. Á. (2019). Neither Handsome, Clever
nor Rich: Analysis of Miss Bates as a Main
Character in Jane Austen's Emma. *International Journal of English Language, Literature
and Translation Studies. Vol 6. (1) 25-35*

JORDÁN, M. Á. (2017). *Análisis del estilo literario
de Jane Austen*. Universitat de València

JORDAN, Sarah. *The Anxieties of Idleness: Idleness
in Eighteenth-Century British Literature and
Culture*. Bucknell University Press, 2003

KAPLAN, L. (2010). Lost in Austen and Genera-
tion-Y Janeites. *Persuasions On-Line, 30(2)*.

LE FAYE, D. (2004). *Jane Austen: a family record*.
Cambridge University Press.

LOTHE, J. (2000). Narrative in fiction and film.
An Introduction. Oxford: OUP.

LYNCH, D.S. (2007). «Sequels» en Todd, J. (ed.)
Jane Austen in Context. Cambridge University Press. pp.165-176

MACCABE, C., MURRAY, K., & WARNER, R. (eds.).
(2011). *True to the spirit: film adaptation and
the question of fidelity*. Oxford University
Press.

MANDAL, A., & SOUTHAM, B. (eds.). (2007). *The
Reception of Jane Austen in Europe* (Vol. 13).
A&C Black.

MARTÍ FERRIOL, J. L. (2006). *Estudio empírico y
descriptivo del método de traducción para
doblaje y subtitulación*. Universitat Jaume I.

Matheson, R. (1954). *I am Legend*. Gold Medal Books.

McFarlane, B. (1996). *Novel to film: an introduction to the theory of adaptation* (p. 11). Oxford: Clarendon Press.

Miller, D. A. (2003). *Jane Austen, or, The secret of style*. Princeton University Press.

Molina, L., & Hurtado Albir, A. (2002). Translation techniques revisited: A dynamic and functionalist approach. *Meta, 47*(4), 498-512.

Monaco, J. (2009). *How to read a film: Movies, media, and beyond*. OUP USA.

Parrill, S. (2002). *Jane Austen on film and television: A critical study of the adaptations*. McFarland.

Pippin, T. (2011). 'Behold, I stand at the door and knock': The Living Dead and Apocalyptic Dystopia. *The Bible and Critical Theory, 6*(3).

Platts, T. K. (2013). Locating zombies in the sociology of popular culture. *Sociology Compass, 7*(7), 547-560.

Richardson, A. (2005). En «Reading Practices», Todd, J. (ed.) *Jane Austen in Context*. p. 397-406. Cambridge University Press.

Richardson, R. (1969). Literature and Film. Indiana University Press.

Russel, J. (2010). *Zumbis: o livro dos mortos*. São Paulo: Leya Cult.

Russo, S. (2018). Austen Approved: Pemberley Digital and the Transmedia Commodification of Jane Austen. *Women's Writing, 25(4), 512-524*.

Simpson, P., & Montgomery, M. (1995). Language, literature and film. *Twentieth century fiction: From text to context*, 138-64.

Stam, R. (2000). Beyond fidelity: The dialogics of adaptation. *Film adaptation*, 54-76.

Steiner, G. (2017). *Presencias reales* (Vol. 91). Siruela.

Stratton, J. (2011). Zombie trouble: Zombie texts, bare life and displaced people. *European Journal of Cultural Studies, 14*(3), 265-281.

Sulloway, A. G. (2016). *Jane Austen and the Province of Womanhood*. University of Pennsylvania Press.

Taylor, S. (2018). «Religious Piety and Pigs' Brains»: The Faith of Zombies in Burr Steers's Pride and Prejudice and Zombies. *Persuasions: The Jane Austen Journal On-Line, 38*(3).

Teachman, Debra. *Student Companion to Jane Austen*. Greenwood Publishing Group, 2000.

Todd, J. M., & Todd, J. (eds.). (2005). *Jane Austen in context* (Vol. 9). Cambridge University Press.

Toner, A. (2020). *Jane Austen's style: narrative economy and the novel's growth*. Cambridge University Press.

Troost, L., & Greenfield, Sayre. (2016). Multimedia Emma: Three Adaptations. *Persuasions On-Line, 37(1)*.

Varela, F. C. (2013). Panorámica de la investigación en traducción para el doblaje. *TRANS: revista de traductología*, (17), 13-34.

Wells, J. (2017). *Reading Austen in America*. Bloomsbury Publishing.

Wilson, C. A. (2006). Bride and Prejudice: A Bollywood comedy of manners. *Literature/Film Quarterly, 34*(4), 323.